青春文庫

切れない絆をつくる たった１つの習慣

植西 聰

青春出版社

文庫化にあたって

最初にこの本を出版したのは２０１１年でした。当時は東日本大震災の影響もあり、多くの日本人が心に悲しみを抱えていました。

あれから5年、テレビや新聞では明るい話題が増えたものの、世の中を見回すと、悩みや孤独を抱えている人は依然として多くいます。

この本の題名は『「切れない絆」をつくるたった1つの習慣』です。絆（きずな、きづな）とは本来、家畜が逃げないようにつないでおくための綱《つな》という意味でした。しかし今では、「人と人の結びつき」「支え合いや助け合い」といったプラスの意味で使われています。

これは他人とのつながりが、私たちにとって決してマイナスなことではなく、プラスの意味を持つのだということに、先人たちが気づいたからでしょう。

人生には、つらいときや苦しいときが訪れるものですが、そこから抜け出すとき、大きな力になってくれるのが、「人との絆」なのです。

植西 聰

はじめに

当たり前のことは、世の中にひとつもありません。

今日、笑顔であいさつを交わすことができた相手と、明日も同じように元気で笑い合えるとは限りません。

その人が明日突然、自分の目の前から消えていなくなる可能性はゼロではないのです。

反対に、自分自身がその人の前から立ち去ることになる可能性だってあります。

人との絆は、強いように見えて、はかないものです。

ささいな誤解、ときの流れ、うっかり発した言葉、病気や事故……。

そんなことが原因で、ずっと続いてきた二人の絆が、雨上がりにパッと出て、すぐに消えていく虹《にじ》のように、いつの間にか消えてなくなってしまうこともありうるのです。

忙しい、今日は疲れた、そのうち連絡すればいい……。

大切な絆なのに、私たちはいろいろな言い訳を並べて、しっかりと守ろうとはしません。

でも、本当にそれでいいのでしょうか？

あの人の笑顔を、もうずっと、見られなくなったら？

あの人の優しい声を、永遠に聞けなくなったら？

そうなったら心にはきっと、ポッカリと穴が空いてしまうことでしょう。

いつか消えてなくなるかもしれない絆だから、今、大切にすることが肝心です。

なくしてから後悔しても、もう取り返しはつかないのです。

この本は、普段は忘れてしまいがちな、大切な人たちとの絆を築き、守り、強めていくための方法を紹介するものです。

また、いったん切れてしまった関係を復活させたり、憧れの人や「この人と確かな絆を持てたらいいな」と思う相手と、一生の絆で結ばれるような関係になるための方法も、あわせて紹介しました。

紹介する内容はどれもシンプルなことなのに、多くの人が実行できていません。

本書を読んだ方はきっと、自分がどれほど人との絆に助けられていたかを知ることになると思います。

この本が、一人でも多くの方が大切な人との絆の価値を思い出し、悔いのない人生を送るきっかけになれば幸いです。

「切れない絆」をつくるたった1つの習慣 ◉ 目次

2章　「いつも気にかけていること」を伝えてみよう　37

5章　相手が元気になるメッセージの送り方　101

10章　豊かな絆は「幸せな人」のまわりに生まれる　197

JASRAC出 1604453-601

1章　幸せとは大切な人と笑い合うこと

本当に頼れるものは「人との絆」

２０１１年3月11日の東日本大震災のあと、東北を中心とした東日本に住む多くの人々が不便な生活を強《し》いられました。

ある女性とその家族は、自宅の電気や水道が止まってしまった上に、スーパーにも商品がまったくなく、「この先どうしたものか」と途方にくれたといいます。

しかし、実際に彼女たちが、食べるものや飲みものに困ることはありませんでした。

なぜなら、彼女は以前、関西に暮らしていたことがあり、関西に住む友人がたくさんいたのです。そして、その友人たちから、食べ物や飲み物、ガスコンロや乾電池など、援助物資が続々と届いたのです。

幸い、通常より日にちはかかったものの、郵便小包の配送が行われていたことに助けられました。

彼女は、このときほど周りの人たちとの絆をありがたく思ったことはなかったといいます。

「あのときは、お金があっても、店に商品がなく、食べものを買うことができませんでした。うちは駅まで遠いのに、当時はガソリンも手に入らなかったので、どこにも移動できず、本当に不安でした」

荷物を送ってくれた友人たちがいなかったら、どうなっていたでしょうか？

きっと、もっと心細く、不安で、不便な生活を強いられていたと思います。

非常時の彼女にとって、本当に頼れるのは、お金でも、仕事でもなく、周囲の人たちの助けでした。

そう考えると、人は何はなくとも、他人との絆があれば、生きていけるのかもしれません。

本当に困ったとき、自分を助けてくれるのは、大切な人との絆なのです。

「絆」があれば人生は何倍も豊かになる

最近、うれしかった出来事を思い出してみてください。

「がんばった仕事を、上司に評価された」

「好きな人と楽しいデートができた」

「誕生日に友達から花束をもらった」

いろいろなシーンが思い浮かぶでしょう。

そして、うれしかったそのシーンには、自分以外の誰かが存在しているのではないでしょうか？

つまり、**私たちが感じる幸せの多くは、人との絆を通してやってくる**ということです。

反対に、最近、一番落ち込んだ出来事は何でしょうか？

「2年間つきあっていた恋人と別れた」

「希望していなかった地方へ転勤させられた」

「あこがれていた人が亡くなった」

「信頼していた友人に裏切られて、長く続いていた友情が終わった」

そんな答えが思い浮かぶのではないでしょうか。

これらの出来事に共通しているのは、「別れ」です。人が大きな悲しみを感じるキーワードのひとつが「別れ」なのです。

「別れ」はたいていの場合、心に「失敗」や「挫折」などよりも、さらに大きなダメージを与えます。

そこには、「他に代わりがいない」「取り返しがつかない」という意味合いが含まれているからかもしれません。


このように、私たちが生活の中で感じる「喜び」も「ストレス」も、その多くが人との絆に関係しているものです。

だからこそ、**日頃から、人との絆を意識して生きることで、人生は何倍にも有意義になるのです。**

「人にしたこと」が自分に返ってくる

人は、生きている限り、たくさんの人と触れ合う機会があります。

一番接点の多いのは、家族でしょう。

それ以外にも、恋人、職場の仲間、学生時代の友人、ご近所の方など、例をあげればきりがありません。


人との絆を結ぶためには、そういうご縁のあった人たちに、思いやりのある対応をすることから、始まります。


「この人はいつも明るくて、感じがいい人だ」

「この人と会うと、なんとなく元気が出る」

自分と関わり合うことで、そんな、プラスの感情を相手に抱いてもらうことができて、さらに、自分自身も相手からいい印象を受けたときがチャンスです。

二人の関係は、そこから友情や恋愛に発展していくかもしれません。

その関係が長く続けば、二人の間には太い絆が生まれます。


「情けは人のためならず」ということわざがあります。

人に情けをかけるのは、その相手のためではなく、巡りめぐって自分のもとに返ってくるのだから、結局は自分のためなのだ、という意味です。

それを絆にあてはめると、たくさんの人に情けをかけた人、つまり、たくさんの人に親切にした人は、相手からも親切にしてもらえる可能性が増えるということです。


自分が相手に優しくすることで、相手も自分に優しくしてくれる。

こんなシンプルなことから、絆は広がっていくのです。


「私の周りの人は、誰も私に親切にしてくれない。だから、今よりも親しくなりたいような人は別にいない」という場合は、まず、自分の行いを振り返ってみましょう。

人間関係は、「鏡」と同じです。


もしかすると、冷たい相手の姿は、自分自身の姿を映しているだけかもしれません。

結婚する人が増えた理由

2001年の9月11日、アメリカの同時多発テロが発生したあと、アメリカで結婚をするカップルが増えたそうです。

カップルたちは、

「テロのとき、一人暮らしでとても不安だった。家族が欲しいと思った」

「死んでしまうかもしれないと思ったとき、やり残したことはないかと考えた。そのとき、生まれて初めて本気で結婚したいと思った」

などと、それぞれの思いを口にしたそうです。

それはきっと、**多くの人が過去に感じたことのない経験をして、自分の心の底にあった本当の気持ちがわき出てきたからではないでしょうか。**

その本当の気持ちとは、人間の本能ともいえるかもしれません。

それは、すべての生物が過去から脈々と受け継いできた、「家族を得て、子孫を残したい」

という本能です。

また、ひとつ屋根の下で寝食を共にする家族の間には、強い絆が結ばれるものです。

その絆は簡単には壊れることはありません。

その「ゆるぎなさ」は、人間の心のよりどころになり、人々の心を支えることにもなります。

実際に、結婚した人たちからは、

「家族がいると思うと、つらいときでもがんばれる」

「子供のためなら、何だってできる。自分がこんなに強くなれるとは思わなかった」

というような言葉を聞くことがあります。

その人が前よりも強くなれたのは、家族の絆が、その心にたくさんのパワーを注いでくれたからでしょう。

家族が弱い自分に特別な力をくれるから、人は家族を求めるといえるのかもしれません。

血のつながりがなくても絆は結べる

強い絆を結べる相手は、家族だけではありません。

ある男性の例を紹介しましょう。

その男性は、職場を定年退職するような年齢でしたが、まだ独身でした。もちろん、子供もいません。

しかし、彼にはたくさんの仲間がいました。

「囲碁仲間」です。

その男性は囲碁が大好きで、町内の囲碁道場へ毎日のように通って、仲間たちと勝ったり負けたりの勝負を重ねていたのです。

彼は、仲間の誰かに孫が生まれれば一緒に喜び、仲間の誰かに不幸なことがあれば、一緒に悲しみました。

元気がない人がいれば、声をかけて、ときには車の運転ができない友人を病院まで送って行ったりすることもありました。

彼にとって、囲碁道場で顔を合わせる仲間たちは、本当の家族ではなくても、家族に近い存在でした。

そして、そんな彼を、仲間たちも大切に思っていました。

あるとき、その男性が、重い病気にかかり、入院しました。

すると、彼の病室には、入れ代わり立ち代わり、囲碁仲間たちがお見舞いにやってきました。

そして、彼が亡くなったとき、仲間たちは涙を流して悲しみました。

この男性は一人暮らしで、すでに定年退職をして仕事をしていなかったにもかかわらず、お葬式には葬儀場の人が驚くほど、たくさんの花輪が出されました。

その花輪には、囲碁仲間たちの名前が書かれていました。


血のつながりがない相手との絆も、その人の生きがいとなり、人生の大きな支えとなることがあるのです。

失うのは一瞬、築くにはコツと時間がいる

人との絆は、一朝一夕では築けません。

何度も顔を合わせ、言ったことを実行し、約束をきちんと果たすことで、お互いの理解が深まり、良い関係が構築できていきます。

そのためには、長い場合には、何カ月、何年もの時間がかかるものです。

しかし、そうやって築いてきた絆が壊れるのは、ほんの一瞬です。

どんなに長い時間かけてつくってきたものであっても、驚くほどあっけなくもろく崩れてしまうことがあるのです。

そう考えると、多くの人との間に絆を結んでいくということは、とても時間のかかる大変な作業です。

それだけに、絆を結ぶことができた相手との関係には、価値があるともいえます。

せっかく築いた相手との絆を簡単に失わないようにするためには、どうしたらいいでしょうか？

そのひとつが、**謙虚である**ということでしょう。

「この人は、私に優しくしてくれて当たり前」

「この人は何があっても、私のことを嫌いにならないに決まっている」

「あの人は、何を言っても平気な相手」

そんなふうに**思い上がって油断をすれば、相手からの信頼を失う危険性が高くなるのです。**

今日、レストランでおいしいご飯を食べられたのは、自分ひとりの力ではありません。

そこには、農家の方の努力、レストランの料理人の技術など、たくさんの人の手がかかっています。

常に、誰かのおかげで今の自分が元気に生活できていることを意識して、「おかげさま」の気持ちを忘れないことが、謙虚でいるためのコツです。

人との「絆」は当たり前のものではなく、ありがたい存在であることに気づきましょう。

そばにいるだけでも絆は生まれる

人は、何かを話したときに、共感してくれる相手がいると、満足感を感じて、心にプラスのエネルギーが増えていきます。

最近、つきあっていた彼女と結婚した男性に聞いた話です。

彼が結婚を決めた理由は、それまで一緒に暮らしていた父親と母親が、田舎《いなか》暮らしをしたいと言って、空気のきれいな地方に引っ越してしまったことです。

生まれて初めて一人暮らしをした彼は、そのあと、インフルエンザにかかって、寝込んでしまいました。

そのとき、「このまま一人で死んだらどうしようと不安になって、誰かにそばにいてほしい」と思ったのが、彼が結婚を決めた理由です。

「独身だって、家族がいたって、何かあれば死んでしまうかもしれないことに変わりはない」と思う人がいるかもしれません。

しかし、その男性にとって、そんなことは問題ではないのです。

彼が求めていたのは、不安に共感して、一緒に乗り越えてくれる相手だったのです。

「不安」や「恐怖」といったマイナスの感情は、誰にも言わないで胸の中にしまっておくと、どんどん大きくなります。

反対に、誰かにその気持ちを伝えて、聞いてもらうだけで、小さくなっていくのです。

「体調が悪くて、参《まい》ったよ」と言ったとき、

「つらそうだね。大丈夫?」と言ってもらうだけで、安心します。

共感してもらったからといって、体調がよくなるわけではありません。

しかし、そうやってマイナスの感情を聞いてもらい、共感してもらうだけで、心は少しずつ落ち着きを取り戻していくものなのです。

困ったとき、共感してくれる人がそばにいてくれる。それだけで、人は勇気をもらえるのです。

地位や財産だけでは幸せになれない

フランスの皇帝ナポレオンといえば、一時、地位、名誉、財産のすべてを手に入れ、最高の幸せを得た人のようなイメージがあるかもしれません。

実際、ナポレオンは、その権力でヨーロッパのほとんどを征圧し、「吾輩《わがはい》の辞書に不可能の文字はない」という有名な言葉まで残しています。

しかし、ナポレオンの人生は、ずっと順風満帆だったわけではありません。

最後は戦争に敗れ、**「私の生涯で幸福な日は6日となかった」**という言葉を残したともいわれています。

はたから見れば、たとえ、最後に戦争に敗れたとしても、何度も大きな戦いに勝利し、欲しいものを手に入れてきた人生は、普通の人たちよりずっと恵まれていたように見えます。

しかし、本人にとってその暮らしは決して幸せではなく、不幸な人生だったのかもしれません。

そのヒントが、ナポレオンの幼少時代にあります。

ナポレオンは少年時代、貧乏で、教師にも評価されず、友達もあまりいませんでした。

「人生は、苦痛だ」と、青年時代のナポレオンが書いた記録も残っています。

ナポレオンのように、子供時代に周囲の人と仲良くなることができなかった人は、大人になってもうまく人間関係を築いていけないケースがあります。

もしかすると、ナポレオンは、どんなに大きな成功を収めても、心はいつも孤独だったのかもしれません。そのことが、「私の生涯で幸福な日は6日となかった」という言葉につながっているのでしょう。

ナポレオンの言葉は、**地位も名誉も財産も、それだけでは人を幸せにしない**ことを物語っています。

幸せは、大切な人と一緒に笑い合う関係の中から、生まれるのです。

共通点がある人とは仲良くなりやすい

自分はこれまで、あまり人と深く関わってこなかったので友人や知人が少ない、という人も、卑下《ひげ》する必要はまったくありません。

今から、自分の世界を広げるために、新しい絆を築いていけばいいのです。

そんなときは、自分が成長するいいチャンスです。

ぜひ、たくさんの人と出会い、新しい絆を築いていきましょう。

新しい絆を築くときのポイントとして、**相性のいい相手を見つける**ということがあります。

そのヒントとなるのが、自分と共通点が多い相手です。

たとえば、趣味が同じだったり、出身地が同じだったり、好きなアーティストが同じだったり、昔住んでいた町が同じだったり、というようなことです。

このような「共通点が多い」というのは、親しくなれる可能性が高いひとつの目印になります。

考えてみると、今、自分が親しくしている人たちとの間にも、何らかの共通点があると思います。

ですから、**自分と共通点が多くて、なんとなくフィーリングが合うな、という人を見つけたら、思い切って声をかけてみると、そこから長く続いていく絆が築ける可能性が高まります。**

話しかける口実は、何でもいいのです。

「偶然ですね。私も長野県の出身なんですよ」

と話しかけてみたら、会話をしているうちに、驚いたことに共通の知人が見つかった。

そんな偶然が、二人の距離を急速に縮めることも珍しくありません。

人は誰でも、自分と何か共通点のある人には親しみを感じるものです。

新しい出会いを迎えたときは、少し意識してみるといいでしょう。

自信のある人ほど絆が広がっていく

「親しい友人をつくりたいけれど、自分にはムリな気がする」

「人との絆なんて意味がない。どうせすぐに、自分は相手に嫌われてしまうから」

人間関係について考えるとき、そういう気持ちになりやすい人は、自分に自信がないのかもしれません。

自分に自信がない人は、

「自分なんてたいした人間じゃないから……」

「バカにされるかもしれない」

「本当の自分を見せることで、嫌われるかもしれない」

という思いから、人づきあいを遠ざけようとします。

しかし、たくさんの友人に囲まれ、人と絆を強めるのが上手に見える人だって、完璧な人間なわけではありません。

誰にだって、いくつか欠点はあるし、苦手なこともあるのです。

そのことと、他人との間に絆を築けるか、ということは別の問題です。


どんな自分でもいいのです。

「こんな私を受け入れてくれる人が、必ずいる」

と信じて、積極的に人と関わっていきましょう。

そんなとき、**ビクビクした態度や、卑屈な態度で相手に接していると、その人がどんなに優しい心の持ち主でも、周囲から好感を持たれることは難しくなってしまいます。**

全員に好かれる必要はないのですから、少しくらい冷たい態度を取る人がいたって、気にすることはありません。

どうしても勇気が出ないときは、鏡に向かってほほえみながら、「私には魅力がある」と何回か唱えると、心に力がわいてきます。

楽しみながら、この人生でかけがえのない絆を築いていきましょう。

1章のまとめ

- □ お金も仕事も無力なとき、最後に頼れるのは人との絆である
- □ 家族との絆が、人に力を与える
- □ マイナスの感情（不安、恐怖など）は、誰かに聞いてもらうだけで小さくなる。共感してくれる相手がいると、心にプラスのエネルギーが増えていく
- □ 血のつながりがない相手とも、太い絆で結ばれることができる
- □ 確かな絆をつくるには、長い時間がかかる。しかし失うのは一瞬
- □ 謙虚さを失い、思い上がって油断すると、信頼を失う
- □ 相手に優しくすると、相手も自分に優しくしてくれる
- □ 「周りが自分に冷たい」「あの人が優しくしてくれない」と感じるのは、自分が冷たいからかもしれない
- □ 地位・財産・名誉だけでは、人は幸せにはなれない
- □ 幸せは、大切な人と笑い合う関係から生まれる
- □ 絆を通して、幸せはやってくる
- □ 共通点がある人とは、絆をつくりやすい
- □ 卑下してはいけない。自信と勇気を持って人と接する

この章で気づいたこと

2章　「いつも気にかけていること」を伝えてみよう

何かにつけて声をかける

リピーターが多く、優秀な売り上げ成績を誇る自動車のセールスマンがいます。

彼には、同じお客様が車を乗り換えるときはもちろん、そのお客様の家族や友人といった人たちからも自動車の注文が入るので、周囲のセールスマンから尊敬されていました。

新人のセールスマンに、

「売るための秘訣を教えてください」

と聞かれて、彼はこう答えました。

「自分から車を買ってくれたお客様を常に気にかけて、一度できた絆を切らさないようにすることです。買ってくれたあとも不便はないか、困っていることはないかと、私は常にお客様に連絡しています。

同じ商品なら、親しい人から買いたいと思うのが人の常です。ですから、お客様に『このセールスマンは私のことを気にかけてくれているなぁ』と思ってもらえれば、注文は自然と増えていくのです」と。

「値引きしているのかもしれない」

「何かおまけを付けているのではないか」

などと考えていた新人のセールスマンは、意外な答えに驚くと同時に、「人にものを売るというのは、相手との絆をつくることが先決で、それができれば、自然と注文は入るんだ」という、まったく新しい気づきを得ることができました。

人は誰でも、自分のことを大切にしてほしい、尊重してほしいと思っています。

それを、**「自己重要感の欲求」**と呼びます。

車を売ったあとも、何かにつけて声をかけて、相手を気づかうことで、相手は「自己重要感」を満たされて、ハッピーになるのです。

自分をハッピーにしてくれた相手との絆を大切にしたいと思うのは、人間として自然なことといえるでしょう。

その人と「前に話したこと」を覚えておく

「この前お会いしたとき、妹さんが就職活動中だとおっしゃっていましたが、その後、どうなりましたか？」

「前に、息子さんが野球部のレギュラーになったと言っていましたよね。試合の応援に行ったりするんですか？」

そんなふうに、**以前の会話を覚えていて、それについて気にかけてくれる相手に対して、誰もが好感を持ちます。**

「私の話を覚えていてくれたんだ」と、感謝の気持ちを抱くからです。

反対に、前にも話したことを繰り返し質問されたり、同じことを何度も話されたりすると、

「この人は私が前に話したことを覚えていないようだ。**親しげな感じで話しかけてくるわりに、そんなことも覚えていないなんて、調子のいい人だ**」

と不信感を持たれやすくなります。
ですから、**「この人とは親しくなりたい」という人がいる場合はとくに、その人と前に話したことをしっかり記憶して、次に会った際にはそれに関連づけた話題を持ちかけるといいでしょう。**

ある優秀な営業マンは、**お客様と会話した内容は、ノートにすべて記録しておく**そうです。

「Aさんの娘さんは、私立中学の受験に向けて勉強中」
という話を聞いたら、きちんとメモをとっておき、次にAさんに会うときにそれを見直してから出向くのです。

そして、「Aさん、先日お話しになった、お嬢さんの受験は無事にすみましたか？」と会話を切り出すのです。

「合格したよ」と聞けばそれを記録しておき、次に会うときには、お祝いのプレゼントを持って行きます。

彼は、そんなふうにしてお客様との絆を結び、仕事で成功を収めているのです。

相手の「大切な日」や記念日を手帳にメモしておく

「今日は、あなたのお誕生日でしたよね。おめでとうございます」

誕生日に突然、こんな言葉をかけられたら、誰だってうれしいと思います。

忙しい毎日の中で、まったく興味のない人の誕生日など、覚えていないのが普通だからです。

「あの人が私の誕生日を覚えていてくれた。そして、祝福するために声をかけてくれた」

それだけで、言われた方は相手に「気にかけてもらっているんだ」という実感を得ることができます。

「彼女は私の誕生日を覚えていてくれた。私も彼女の誕生日にはお祝いの言葉をかけなくちゃ」

そんな思いも、自然にわいてきます。

ある女性は、ケンカ別れをしてしまった親友の誕生日に、思い切ってメッセージカードを送ったところ、相手からお礼の電話がかかってきて、前のような友情を取り戻せたといいます。

誰にとっても、誕生日は大切な日ですから、それを覚えていて、祝ってくれる相手に好感を抱くのは自然なことなのです。

誕生日のサプライズは言葉だけでも十分ですが、相手が負担にならないような小さなプレゼントを添えれば、さらに喜んでもらえるでしょう。

また、覚えておいて喜ばれる記念日は、誕生日だけではありません。

二人が初めて出会った日を覚えておいて、

「そういえば、3年前の今日、初めて話したんだよね。懐かしいよね」

と切り出してみたり、仲間が起業した日を覚えていて、

「そろそろ会社を設立して1年たちますね。よかったですね」

と言ってみたりすれば、相手はきっと喜んでくれるでしょう。

忘れないように、手帳に大切な人の大切な日を、ぜひ書き込んでみるとよいでしょう。

「緊急事態？」と思ったらすぐ連絡する

ある女性が住んでいる町の近くで、工場の爆発事故がありました。

テレビや新聞でも大きく報道されたのですが、幸い、彼女の家からは遠かったので、彼女自身はあまり気にせずにいました。

ところが、そんな彼女の携帯電話に、電話がどんどんかかってきました。

田舎に住んでいる家族や、全国にいる彼女の友人たちが、彼女の身を心配して、安全を確認するために、かけてきたのです。

「今、ニュースで見たんだけど、あなたの町の近くで事故があったみたいね。無事ですか？」

「大丈夫？　もし不安なら、今晩はうちに泊まりに来てもいいからね」

みんなが優しい言葉をかけてくれるのを聞いて、彼女は自分が多くの人に大切にされていることを実感しました。

そして、「自分を心配してくれた人たちとの絆を、これからも大切にしよう」と心に誓いました。

人は、自分の大切な人の幸せを願う生きものです。

当然、親しい人の身に何か危険が及ぶようなことがあれば心配します。そして、もしものときには力になってあげたいと考え、自分にできることがあれば手を差し伸べようとします。

それが、強い絆で結ばれた相手に対する自然な感情なのです。

相手を心配して連絡するという行為は、相手に「私はあなたを大切に思っています」という思いを伝えることになるため、その相手との絆を強めることにもつながるのです。

これを逆に考えると、**自分の大切な人に何か緊急事態が起きたかもしれないというときは、すぐに連絡をすることで、二人の絆を再確認することができます。**

もしも、相手が本当に困っているようなら、励ましの言葉をかけて、できる限りの力を貸してあげることが大切です。

名前で呼びかける

話をするときは、意識して相手の名前を呼ぶようにすると、二人の距離が縮まっていきます。

たとえば、みんなでカフェに行ってメニューを頼むときは、「何にしますか？」ではなく、「○○さんは何にしますか？」と言うようにするのです。

人は、「あなた」とか、「君」と呼ばれた場合は、「この人は私のことを、その他大勢の中の一人として見ているんだ」と認識します。

「あなたの趣味は何ですか？」

「君の着ている服、かわいいね」

そんなふうに声をかけられても、「なれなれしい人」とは思っても、親しみは感じにくいものなのです。

一方、相手が自分の名前を呼んでくれた場合は、事情が変わります。

「○○さんの趣味は何ですか？」

「○○さんの着ている服、かわいいね」

このように名前で呼ばれると、その人は、「個人」として、その他大勢の中から引っ張り出されることになります。

人間は、自分の名前を呼ばれると、「相手は『他の誰でもない自分』を必要としているのだ」と感じて、責任を持って応じようとする性質を持っています。

その証拠に、「あなた」と呼ばれているうちは聞こえないふりはできても、「○○さん」と名前を呼ばれれば、返事をしないわけにはいかないでしょう。

それに、名前を呼ばれると、自然に相手と自分が知り合いであることを自覚できて、親近感がわくものです。

これは、まだあまり親しくない場合の相手だけでなく、長いつきあいの相手でも同じです。

普段は名前を呼ばないで、**「ねえ」とか「ちょっと」と呼んでいる相手に対して、しっかりと名前で呼びかけることで、二人のゆるみかけた絆が強まることでしょう。**

ハガキや手紙を書く

手紙を書くことも、「私はあなたのことを気にかけていますよ」という思いを伝える行為のひとつです。

メールが普及した今は、多くの人にとって、手紙を書く機会は減っていると思います。

なかには、書くことを面倒に感じたり、難しく感じている方も多いかもしれません。

しかし、だからこそ、もらった方はうれしいのです。

きっと、「メールですむことなのに、わざわざ手紙をくれるなんて、丁寧な方だなあ」と感じてくれるはずです。

また、相手が年配の方で、メールや携帯電話などを持っていない場合にも、手紙は有効です。

電話は、何か用事がないとかけづらいものですし、相手の忙しい時間帯にかけてしまうと、かえって迷惑をかけてしまうことになります。

しかし、ハガキや手紙なら、特に伝えたいニュースがなくても、

「ご無沙汰しております。この間、○○さんのことをフッと思い出してしまい、最近どうしてるかなと思い、筆をとりました」

といった内容でも、ちっともおかしくありません。

また、ハガキや手紙は、話し終わったらそれで終わってしまう電話と違い、相手の手元にいつまでも残るのも、メリットのひとつです。

手紙をもらった人は、出した人からの手紙が目に入るたびに、二人の絆を思い出してくれることでしょう。

ある女性は、いつもレターセットと切手を机の中にストックしておき、週に1度は誰かに手紙を出しているそうです。

「ときどき、返事をくれる方もいます。ポストに誰かからの手紙が入っていると、とってもうれしいんですよ」

と、手紙でのコミュニケーションの素晴らしさを語っていました。

会う機会がない相手には「時候のあいさつ」を

日本には古くから、「贈答の文化」があります。

〝贈答〟とは、気持ちを「贈る」ことで、相手の思いやりに「答える」ものです。

私たちは、暮らしの中でたくさんの人と出会っています。

仕事を通じて、趣味を通じて、毎年毎年、お世話になった方の数は増えていくものです。

しかし、休日の数は限られているので、全員とゆっくり食事をして絆を深めるようなことはできません。

お世話になった方が引っ越してしまったり、遠くに住んでいてなかなか会えない場合もあります。

そんな、自分にとって大切だけど、なかなか会う機会がないというような人たちに、ぜひ贈りたいのが、お中元やお歳暮などの季節の贈り物です。

「そんなお金はない」

という場合は、高価なものを贈る必要はありません。

旅行に行った際のお土産《みやげ》や、地元の名産品などでもいいですし、それも難しければ、手紙に近況を書いて、送るだけでもいいのです。

それも無理なら、年賀状や暑中見舞いだけでも、かまいません。

大切なのは、「私はあなたのことを、大切な存在だと思っています」という気持ちを相手に伝えることです。

最近は、「面倒で、年賀状も暑中見舞いも出していない」という人が多いようです。

しかし、**一度間が空《あ》くと、どんどん連絡を取りづらくなるのが人間関係です。**

「あの人とは、これからもおつきあいさせてほしい」

「あの人にはお世話になって、本当に感謝している」

そんな相手がいるなら、「忙しい」を言い訳にするのは、やめたほうがいいと思います。

元気がないときは「大丈夫？」の一言を

いつも自分のことばかり考えていると、相手のことが見えなくなってしまいます。しかし、**相手との絆を築き、育てていくためには、相手を気づかう思いやりを持つことが大切です。**

思いやりのひとつに、**「相手の体調を気づかう」**ということがあります。

いつも元気な会社の同僚が、なんとなく元気がない……。

友達の顔色が悪いような気がする……。

そんなときは、「大丈夫？」という一言をかけてあげましょう。

そして、体調が悪いようなら、早退を促《うなが》したり、薬を買ってきてあげたり、自分にできることをしてあげるのです。

誰でも、調子が悪いときがあります。

しかし、責任感の強い人は、なかなか自分から、

「今日は朝から微熱があるんで、早退させてください」

「体調が悪いので、この仕事を代わりにやってもらえませんか？」

というようなことは、言い出せません。そんなとき、ＳＯＳに気づいて、助け船を出してくれる相手の存在は、とてもありがたく感じます。

「無理しなくてもいいから、今日は早く帰ったら？」

「この仕事は私が代わりにやっておくから、大丈夫ですよ」

調子の悪い同僚に、そんな言葉をサラリとかけてあげることができる人は、周りの人に感謝される機会が増えます。

相手が大切な恋人なら、なおさらです。

デートに来た相手の体調がかなり悪いようなら、その日のデートは取りやめにして、「今日は家でゆっくり眠って、早く元気になってね」

と言ってあげる優しさを持ちましょう。

「楽しみにしていたデートなんだから、もっと楽しそうにしてよ！」

なんてことは、間違っても言わないほうがいいでしょう。

用事がなくても電話をかける

なんの用事もないのに電話をかけることは、単なる知り合いから一歩踏み込んだ相手でなければ、なかなかできないものです。

なぜなら、電話は通常、連絡事項や用事があるときにかけるものだからです。

それほど親しくない相手から、

「用事がないけど、電話がかかってくる」

というのは、電話を受けた方はドキッとします。

相手が異性なら、恋愛関係に踏み込むきっかけになるかもしれませんし、同性なら知り合いから友達へと発展することにつながるかもしれません。

そういう意味で、もう一歩仲良くなりたいという相手との距離を縮めたいときに、あえて、用事がないのに電話をかけるというのは、ひとつの方法といえるでしょう。

逆に、長いつきあいだけれど最近は疎遠《そえん》になっている人にも、この方法はおすすめです。

「私はあなたのことを気にかけています」

「私はあなたのことを、忘れているわけではありません」

という気持ちを、行動で伝えることになるからです。

とくに、会社を辞めた元同僚や、学生時代の仲間など、以前は毎日のように顔を合わせていてかなり親しかったのに、今はほとんど会う機会がなくなってしまったというような相手がいるなら、電話は有効です。

電話は、メールや手紙と違って、相手の反応を直接感じることができるので、相手が自分からの電話を喜んでくれているのか、そうではないのかを、声などからイメージできるからです。

会話が盛り上がれば、そのまま食事に誘うようなことも失礼ではありません。

これからもご縁をつなげていきたいという人には、この方法で絆を保っていきましょう。

気持ちを言葉にして伝える

人との絆を結んでいく上で大変なのが、大切な人が遠くにいる場合です。遠距離恋愛になると別れてしまうカップルが多いことからもわかるように、距離が離れることで会える回数が減ってしまうと、それまでのような関係を維持することが難しくなるのです。

ですから、**大切な人が遠くに住んでいたり、ここ数年は会っていないというような場合は、「この絆を大切にしたい」という気持ちを、意識的に伝えていくことが大切になります。**

人の心は、目に見えません。

どんなに相手のことを大切に思っていても、言葉や態度で表わさなければ、その思いは相手からすれば「存在しない」のと同じです。

ですから、**大切な相手には、伝えたいことをきちんと言葉にして示すことが必要です。**

とくに、感謝の言葉は、何度伝えても、迷惑になることはありません。

「この間は、私の話を聞いてくれてありがとう」

そんな一言を伝えれば、聞き役になってくれた相手は、うれしくなって、「また力になりたい」と思ってくれるでしょう。

一方、さんざんグチを聞いてもらっているのに、そのあとでお礼の言葉がまったくなく、次に会ってみるとまたグチを聞かされる、というようなことが続けば、相手はストレスを感じて、遠ざかっていくことになるかもしれません。

大切な人が離れていったあとで、「私はいつも心の中で感謝していたのに……」と後悔しても、時間を巻き戻すことはできません。

忙しいからといって、絆のケアを怠《おこた》ってはいけません。

「私のことなんて、どうでもいいんでしょ」と相手を怒らせてしまったら、それは相手ではなく、そう思わせたこちら側の責任なのです。

2章のまとめ

- □ 人は誰でも、自分を大切にしてほしいと思っている
- □ 人は、自分を幸せにしてくれた人を、
  幸せにしたいと思うものである
- □ 親しくなりたい人と話したことは、しっかり覚えておく。
  覚えておくと好感を持たれ、
  忘れてしまうと「いい加減な人」と思われる
- □ 大切な人の「大切な日」を、忘れない
- □「相手に緊急事態が起きたかも？」というときは
  すぐに連絡する
- □ 名前で呼ぶ
- □ 手書きのハガキや手紙を送る。
  手紙やハガキは、二人の絆を思い出させてくれる
- □ なかなか会えない人には、時候のあいさつをする
- □ 相手の体調を気づかう
- □「"SOS" を出したくても言い出せない人」に
  気がつく人になる
- □ ときにはメールではなく電話をかける
- □ 感謝の気持ちは、何度でも言葉に出して表わす

この章で気づいたこと

3章「なにげない気づかい」から新しい絆がつながる

「小さな約束」こそ人柄が出る

約束には、大きなものと小さなものがあります。

大きな約束とは、たとえば、

「来年のゴールデンウィークには、両親を沖縄旅行へ連れていく」

「恋人の誕生日には、以前から欲しがっていた腕時計を贈る」

といったようなことです。

この場合、約束するときに、「この約束は必ず果たす」と、心の中で覚悟を決めているので、よほど無茶な約束でない限り、守ろうと努力するものです。

一方、小さな約束というのは、

「来週金曜日までに、パーティへの出欠の返事をハガキで送ります」

「今度会うときに、おすすめのミステリー小説を持っていきます」

といったような、簡単にできるようなことです。

しかし、人は簡単なことほど「重要ではない」と思ってしまう性質を持っているので、「返信が2～3日遅れたところで、どうってことないだろう」と思い、返信すること自体忘れてしまうこともあります。また、

「この前約束していた小説の本を忘れてきてしまいました。こんど絶対持ってきますね」

などと、もう一度約束をしておきながら、その次に会ったときも同じ言い訳をしてしまうこともあります。


「小さな約束は、相手も覚えていないだろうし、守ったところで大した効果がない」と思う人もいるかもしれませんが、それは間違いです。

小さな約束をしっかり守る人ほど、相手から信頼を得やすいのです。

というのも、小さな約束というのは、文字通り小さいものばかりなので、一見面倒くさがってやろうとしない人が多いからです。

だからこそ、コツコツと守っていくことで、相手との絆を着実に強めることができるのです。

待ち合わせには相手より必ず早く着く

ある芸能人の話を紹介しましょう。

彼は、テレビ番組で、他の芸能人の悪いところを見つけては、からかうという持ち味を活かして活躍しています。

誰かれかまわず、とげとげしい言葉を浴びせかけるわけですから、気を悪くする人がいてもおかしくはありません。

しかし、彼は周りの出演者やスタッフなど、誰からも嫌われることがないばかりか、

「彼は、しっかりと常識を持っている人だ」

と評判がよく、次々と新しい仕事が舞い込んでくるらしいのです。

なぜなら、彼は出演者の中で最も早く、集合時間に到着するからだといいます。

「集合時間の1時間前までには、テレビ局近くに到着するようにしています。車だと途中で事故に巻き込まれるかもしれないので、早めに自宅を出ます。僕一人が時間に遅れるだ

けで、番組の収録が遅れてしまい、他の方に迷惑がかかってしまいますから」

彼は、集合時間に早く到着することで、周りの人との信頼関係をつくり、徐々に絆を強めていったのではないでしょうか。

携帯電話やメールが普及しているため、待ち合わせ時間を守らない人が増えてきているといいます。

「待ち合わせに遅れそうなら、メールで連絡すればいい」

「5分くらいなら待たせても、平気だろう」

といった具合に、軽く考えているなら、今すぐ改めましょう。

時間ぴったりに到着する人と待ち合わせする場合は、5分前に到着する。5分前には必ず到着している人と待ち合わせする場合は、10分前に到着する。

このように、相手よりほんの少しだけ早く到着するだけで、相手は「自分との約束を大切にしてくれている」と感じるものです。

ケータイ・スマホより目の前の相手を大切にする

便利なものほど、使い方には注意が必要です。

携帯電話が最たる例です。

いつでもどこでも会話ができるだけに、電車やバスの中で話している人をよく見かけますが、マナー違反だということが認知されてきています。

たとえば、恋人とデートしているとき携帯に電話がかかってきて、目の前の人をほうって、長々と会話している人がいます。

相手は、「まあ、仕方ないか」と思って、黙って電話が終わるのを待っているでしょうが、心の中では、

「自分よりも、電話の相手の方が大切なんだな」

「私のことは、ほうっておいてもいいと思っているんだな」

と感じ、イヤな気分になってしまうでしょう。

ある会社では、社員が携帯電話に出たことが原因で、大切な取引先との関係が悪化し、遂には取引ができなくなったということもありました。

その社員は、いくつもの取引先をかかえていたため、打ち合わせ中にも携帯電話が何度も鳴っていました。そして、鳴るだけならまだしも、必ずその電話に出て、席も立たずに長話を始めてしまったのです。

おかげで会話が何度も途切れ、決まるものも決まらず、相手は「今後の取引はやめさせてもらいたい」と怒り、その場から去っていったといいます。

会議が終わってから、あらためてかけなおすなどの配慮をしていれば、こんなことにはならなかったでしょう。

電話はいつでもかけられますが、相手との時間は取り戻せないのです。

目の前の相手を大切にすると、絆も強くなっていくのです。

先約をキャンセルしない

約束する相手や内容によって、その約束の重要度を天秤《てんびん》にかけている人をときどき見かけます。

すでに約束していることがあるにもかかわらず、後から受けた誘いを魅力的に感じてしまい、先約を簡単にキャンセルしてしまうといった具合です。

S子さんは仲良しの女友達から、

「今度の日曜にコンサートがあるので一緒に行かない？」

という誘いを受けました。

S子さんは、買い物に行きたかったのですが、「行くよ！」と返事をしました。

しかし、後日になって他の女友達から、

「今度の日曜、独身の男の友達二人と飲みに行くんだけど、よかったら来ない？」

と誘われました。彼氏募集中のS子さんはうれしくなって、

「行く。先に入ってる約束はキャンセルするから……」

と返事をしてしまいました。

先約の友達はS子さんの気持ちを理解して、「いいよ。行ってきたら?」と言ってくれましたが、友達の間では「S子は、友達づきあいより男性を優先する人」と思われ、評価は落ちてしまいました。


先約の友達との約束を優先していれば、こんなことにはならなかったはずです。

相手の立場から考えてみれば、せっかくの休日を一緒に過ごすために予定を空けたのに、後からの約束を優先されたら「失礼な人だな」と思い、いい気分はしません。

いくら親しい関係でも、相手を尊重する気持ちを持たないと、絆を壊してしまいかねません。


先約を大切にすることは、人間関係の基本的なマナーと心得ておきましょう。

ライフイベントや「大切なこと」を真っ先に伝える

友達だと思っていた人が、大事なことを自分に教えてくれなかった、というようなとき、ほとんどの人が、小さなショックを受けるのではないでしょうか？

これはつまり、私たちが無意識のうちに、

「大事なことは、大切な人にきちんと伝えるものだ」

という思い込みを持っているからともいえます。

これを逆から考えると、

「大事なことを伝えたい相手は、自分にとって大切な人である」

というルールが成り立ちます。

実際に、知り合いから、

「うれしいことがあったから、真っ先にあなたに報告するね」

などと言われれば、誰でも悪い気はしないものです。

ですから、自分にとって何か転機になるようなことや、人生の節目といえるような出来事があったときなどは、大切な人たちにできるだけ早く伝えるようにしましょう。

「大学に合格して、この春から東京で一人暮らしを始めました」

「東京から大阪に転勤になりました」

「この春、幼《おさな》なじみの女性と結婚して、福岡に新居を構えました」

「待望の長男が誕生しました」

手紙を書く暇がなければ、メールでも、電話でもいいのです。

ポイントは、「自分にとって大切なことなので、あなたにもすぐ知らせたかった」という気持ちを伝えることです。

知らせを受けた人は、知らせをくれた相手の成長を喜ぶと同時に、その人のことをこれまで以上に大切な存在だと思うことでしょう。

毎日が忙しいという人も、せめて引っ越しや結婚、出産や離婚など、人生の大きな節目のときくらいは、連絡をすることを心がけましょう。

人との絆は、仕事よりもずっと、大切なものなのです。

少々のことは譲る気持ちを持つ

私たちは、一人で生きているわけではありません。

会社の上司、同僚との関係からはじまり、恋人、夫婦、親子、兄弟、友人など、さまざまな関係を持っています。

その中には、自然に接しているだけで心が通い合い、仲良くできる人もいれば、なんとなくウマが合わない人がいることもあるでしょう。また、最悪の場合、会う度《たび》に言い争いになるような相性の悪い人もいるかもしれません。

皆、それぞれ自分の主張を持っています。ですから、人が集まると自然と対立が起きるものなのです。

問題は、その対立が起きたときに、どう対処するかです。

あるサラリーマンの男性は、いつも仕事で忙しいため、奥さんや子供とすごす時間が少ないのが悩みでした。

そこで、会社にかけあって1週間休日をもらい、家族のためにハワイ旅行を計画しました。

奥さんは長期の休暇をとても喜びましたが、海外行きは反対しました。「子供が小さいのに、海外へ行くのは難しいから、近場の温泉がいい」と主張したのです。

彼は、「1週間も休みをもらえることなんて、そうあることじゃないから、絶対ハワイに行く」と主張を曲げません。

結局、奥さんの主張を無視し、無理やりハワイ旅行へ出かけました。

しかし、行く先々でケンカが絶えず、まったく楽しめなかったといいます。

もし、彼が奥さんの主張を受け入れて、近場の温泉旅行に変更していたら、楽しくすごせたはずです。

相手との絆を重んじる人は、自分の主張を持ちながらも、それを前面に出そうとはせずに、まずは相手の主張を受け入れようとします。

どんなときでも譲歩すべきとはいいませんが、相手に譲る精神を持っていた方が絆は深まるでしょう。

喜ばれる「小さなプレゼント」

小さなプレゼントが、人に大きな喜びを与えることがあります。

たとえば人に会うとき、地元の商店街で買った名物のたい焼きを買っていくというように、ちょっとしたことでいいのです。

お金の問題ではありません。

「この人は、忙しい中、私のためにわざわざお店に行って商品を選び、お土産を用意してきてくれた」という事実が、相手を喜ばせるのです。

ある出版社で社長業をしている知人から聞いた話です。

その出版社では、外注のライターやカメラマン、イラストレーターなどを何人も使っていました。

小さな出版社なので高いギャラを支払うことができず、自然と集まってくるのは若いクリエイターたちです。

その中で、**年を追うごとにどんどん出世して、活躍するようになる人たちは、その社長に会うときに、たいてい、手土産を持ってくるそうです。**

その社長は、

「私だって、同じような実力の人なら、手土産を持ってきてくれる気のきいた人に、いい条件の仕事を発注したくなりますよ」

と言っていました。

何度も仕事をするうちに、両者の間にある絆は、少しずつ太くなっていきます。

活躍するクリエイターというのは、そのようにして、たくさんの人間関係を構築していくことで、大きな成功を収めることになるのでしょう。

実は、私自身も、私が書いているような、人生論の本に興味がある人には、本をプレゼントすることにしています。本を渡した人が喜びの顔を浮かべてくれるとこちらまでうれしくなってきます。

それにより、相手との絆も強まるのですから、いいことずくめなのです。

相手の価値観を大切にする

会社員のKさんの趣味はギターです。週末はいつもギターの練習をしていて、これまでにもかなりのお金と時間を費やしてきました。

そんなKさんに思いを寄せる女性が現われました。同じ会社の後輩のA子さんです。

A子さんは積極的な女性で、Kさんをデートに誘いました。二人はつきあうことになり、あるとき、A子さんがKさんの部屋に行きました。

A子さんは部屋にたくさんあるギターを見て、

「Kさんがギターが好きなのは聞いたことがあるけど、これほどとは思わなかった」と驚きました。

よく見ると、その中には、かなり高そうな古いギターなどもあります。

A子さんは特にギターに興味を持っていたわけではありませんが、Kさんの好きなことを大切にしたいと思いました。

そして、ギターの大会や練習などで、デートがキャンセルになっても、文句を言うこともなく、「がんばってね」と送り出しました。

本当は、A子さんは会社が休みの日はデートをしたかったのですが、彼を尊重するために、自分を抑えたのです。

なぜ、そんなことができるかというと、A子さんにもヴァイオリンを弾く趣味があり、Kさんがギターが大好きという気持ちや、趣味に反対されるのは絶対にイヤという気持ちがよくわかるからです。

そうやって、A子さんはずっとKさんのギターへの思いを尊重してきました。

そして、あるときKさんはA子さんにプロポーズをしました。

Kさんは、**これまでの恋人と違い、趣味もひっくるめて愛してくれたA子さんを、これからも大切にしたいと思ったのです。**

相手との絆を大切にしたいなら、相手が大切に思っているものを大切にすることを、心がけるようにするとよいのです。

手帳に「THANK YOUカード」を入れておく

仕事でもプライベートでも、周りの人に何かと助けてもらうことがあると思います。

そんなときに心がけてほしいのは、助けてもらったら、きちんとお返しするということです。

「お返し」というと、たとえば、お誕生日にプレゼントをもらったら、相手のお誕生日にもプレゼントをあげるといったような、物の交換を想像してしまいがちですが、そればかりではありません。


この場合の「お返し」は、ご恩をお返しするということです。

たとえば、友達がランチをごちそうしてくれたときに、

「うれしい！　ありがとう」

と、相手の好意に対して、感謝の気持ちを表わすということです。

相手は、「あなたにはいつもお世話になっているから、当たり前のことよ」と言うかもしれません。

しかし、そこで引き下がらないで、何らかのお礼をしましょう。

このとき、「向こうからごちそうしてくれるって言ったんだから、お礼なんて必要ない」と思うのは、誠意のある態度とは言えません。

また、**何かごちそうしたり、プレゼントをしたりするほどではないけど、お礼の気持ちを伝えたいというときは、気軽に出せるハガキがおすすめです。**

ある女性は、手帳にいつも、「ＴＨＡＮＫ　ＹＯＵ」と書かれたメッセージカードを挟んでいて、お世話になった相手には、その日のうちにカードを書いて、ポストに入れているそうです。

そのかいあってか、彼女は多くの人から好かれています。

このように、**ご恩を受け取ったら、感謝の気持ちをきちんとお返しするようにすると、誰とでも良好な人間関係を築けます。**

そして、相手との絆も深まりやすいのです。

3章のまとめ

□ 小さな約束を、いいかげんに扱わない。
コツコツ守っていくことで、着実に絆を強くできる

□ 待ち合わせでは、絶対に相手を待たせない

□ 人と話しているときは、携帯電話には出ない。
電話はいつでもかけられるが､相手との時間は取り戻せない

□ どんな魅力的な誘いがあっても、先約をキャンセルしない

□ 大事なことを伝えたい相手は、
自分にとって大切な人である

□ 自分の意見を持ちつつも、
まずは相手の意見を受け入れるスタンスを持つ

□ 旅行に出たときなど、ちょっとしたおみやげを渡す。
値段ではなく、気にかけてくれたこと、
手間をかけてくれたことが、相手を喜ばせる

□ 相手が大切にしている価値観、趣味、ライフスタイルを
大切にすると、自分が大切にされる

□ 「お返し」の気持ちは、はっきり表わす

この章で気づいたこと

4章　後悔する前に知っておきたい「絆を失わないコツ」

豊かな関係は「楽観的な人」のまわりに育つ

有名な話ですが、**「コップに入った半分の水」の法則**というものがあります。

コップに水が半分入っているのを見て、「まだ半分ある」と思う人は楽観的な考え方をする人で、「もう半分しかない」と考える人は、悲観的な考え方をする人である、という法則です。

これは、人間関係にも置き換えることができます。

たとえば、学生時代にかなり仲良くしていた友達が、社会人になってから急に忙しくなって、こちらから誘ってもなかなか会うことができなかったとします。

しかし、友達は年賀状と暑中お見舞いは毎年、必ずくれるのです。

その状況を、どう受け止めるでしょうか？

「かなり忙しそうなのに、年賀状と暑中見舞いをくれるなんて、私のことを大切に思ってくれているに違いない」

そんなふうに、友達との絆を信じられる人は、楽観的な人です。

そうではなくて、

「会おうと誘っているのに、都合をつけてくれないなんてひどい。きっと私は過去の友人として忘れたい存在なのだろう。年賀状と暑中見舞いはくれるけど、そんなものでは友情が続いているとはいえない」

と考え、友達との絆を信じられなくなってしまう人は、悲観的な人だといえるでしょう。

人との絆を長く続けるために、この二つのどちらがいいかといえば、もちろん楽観的な方の考え方です。

どんな出来事も、受け止め方次第で、どうにでも変わります。

いつも幸せそうな人は、必ず物事の良い方を見ようとします。とても自分の都合の良いように考えるので、周りの人が驚くこともあるほどです。

物事を良いふうに受け止めるクセがつくと、人間関係もうまくいきやすくなります。そして、大切な絆を長く保つことにもつながるのです。

腹が立ったときこそアルバムを見返す

信頼している友人に悩み事を相談したら、思いがけず厳しいことを言われ、ショックを受けた。

恋人と久しぶりのデートをしたら、なんとなく盛り上がらず、ギクシャクしたままサヨナラしてしまった。

こんなときは、家に帰ってからも、心の中にモヤモヤした気持ちが残ってしまいがちです。

ときには、相手に対する怒りやイラだちといったネガティブな思いがわき上がってきてしまうこともあるかもしれません。

しかし、だからといって、

「今日、あなたに言われたこと、すごいショックだった」

「今日のケンカのことだけど、来週、改めてじっくり話し合いましょう」

というようなメールを相手に送るのはやめておいたほうが無難です。

相手は今日たまたま、機嫌が悪かったのかもしれませんし、何かイヤなことがあったあとだったのかもしれません。

それに、もしかしたら、過去には自分が相手に同じような態度をとったことがあるかもしれません。


相手との絆を大切に思うなら、ちょっとしたことは水に流すことを心がけることです。

どうしてもイライラが消えないときは、相手にネガティブな言葉をぶつける代わりに、二人の写真を収めたアルバムを見るのがおすすめです。


一緒に過ごした楽しかった時間を振り返ることで、相手が自分にとって、「ありがたい存在」であることを思い出すはずです。

「この旅行のとき、私が体調をくずしたら、彼は優しく看病してくれた」

そんなことを思い出す人もいるかもしれません。

アルバムを見ることで、二人が笑顔でいるときの楽しさを思い出せば、次に会うときはまた、楽しい時間をすごせることでしょう。

母子手帳を見せてもらう

イギリスの小説家ローレンスの言葉に、

「子供を父や母に結びつけていた絆は、決して切れることはないけれども、それはゆるむのである」

というものがあります。

もし、自分自身の家族との絆がゆるんでいると思った人がいたら、家に帰ったとき、お母さんに頼んで、自分が生まれたときの母子手帳を見せてもらってください。

その母子手帳が発行されたのが、20年前でも、30年前でも、40年前でも、母親は大事にそれをしまってあると思います。

母子手帳が見つかったら、次はその手帳に書かれた母親の文字を見てみましょう。

今よりもずっと若かった母親が書いたメモが見つかるかもしれません。

「長女誕生、3500グラムの大きな女の子」

「ようやく首がすわってホッとした」

母親が自分の誕生を心待ちにしてくれていたこと、生まれたときに喜んでくれたこと、苦労して育ててくれたこと……。

そんな言葉を見つけることができたら、とても幸せです。


母親はいつも自分に厳しかった。

仕事ばかりしていて、あまり遊んでもらえなかった。

そんな理由から、母親にいい印象を持っていない人もいるかもしれません。

しかし、母親はそのおなかの中で自分を10カ月の間育ててくれて、生まれてからも一生懸命育ててくれたのです。


母子手帳を通じて、母親の過去を振り返ることで、見慣れた母の存在が新鮮に見えてくるかもしれません。

そして、自分の中の母親を思う絆は、これまでよりきっと、強くなるでしょう。

「まあ、いいか」と言ってみる

相手とのつきあいが長くなり、距離が近づいてくると、だんだんと相手への要求が高まってくるものです。

最初は、お互いに気を使いながら仲良くできていたのに、だんだんと「もっとこうしてほしい」という気持ちが強くなってくるのです。

会社では誰に対しても丁寧に笑顔で対応できる人でも、恋人や家族の前だとついワガママが出るのは、そのためです。

そのワガママは、言い換えれば、「甘え」です。

それほど親しくない人の前では誠実な態度を見せるのに、仲のいい相手に対して、ついワガママが出るのは、

「この人にはこのくらいのワガママを言っても、関係が壊れることはないし、嫌われるこ

ともないだろう」

と、相手の寛容さに甘えているからなのです。

そのことを自覚しないまま、思い通りにならない相手に腹を立てて責めてもいいことはひとつもありません。

そんなことをしても、二人の絆は強まりません。

それどころか、相手も攻撃的になってくるか、黙って静かに離れていくことにもなりかねないのです。


絆は一度壊れてしまえば、簡単には取り戻せません。

ですから、**相手に何かを要求したときに、それが叶えられなくても、「まあ、いいか」と言って、気分を切り替えましょう。**

そして、相手との楽しい時間を思い出せば、イライラやワガママを言いたい気持ちは小さくなっていくでしょう。

ケンカのパターンを知る

人の性格は、人それぞれです。

ですから、ケンカをするときも、

「この人とは、こういうときにケンカになりやすい」

という一定のパターンがあるものです。

それを日頃から自覚しておくことで、相手とケンカをすることを事前に防ぐことができます。

家族や親戚、会社の上司など、自分の意思に関係なく、これから長くつきあっていかなければならない人とは特に、無駄ないざこざは避けた方が、お互いに気持ちよい関係でいられます。

「この人は、おなかが空いているときに話しかけると機嫌が悪くなるから、話しかけるのは食後にしておこう」

「この人は、大好きな釣りのことになるとムキになるから、下手なことは言わないようにしよう」

「この人はいつも、ぶっきらぼうな話し方をするけれど、悪気があるわけではないから、気にする必要はない」

という具合です。


「どうして私がそんなに気を使わなくてはいけないの？」

と思う人もいるかもしれません。

しかし、**その相手と長くつきあっていきたいと思うなら、そのくらいの譲歩はしても損はありません。**

仕事と同じで、人づきあいにも計画や準備があった方が、ずっと効率よく進めることができるのです。

このように、相手の個性を理解して、無理のない範囲でそれに合わせることで、絆を保つことができます。

眠る前に「イメージング」をする

大切な人と心がすれ違ってしまったとき……。

せっかく築いた絆が、今にも壊れてしまいそうなとき……。

そんなときは、誰でも弱気になるものです。

しかし、そんなときに、

「どうせ私は、誰とも本当の友情なんて築けないんだ……」

「期待した自分がバカだった。また、裏切られるに決まってる」

などと、マイナスの思いにとらわれてしまってはいけません。

牧師のジョセフ・マーフィー博士の言葉に、

「人は、その人が考えた通りの人生を生きている」

というものがあります。

ですから、最近、どうも相手の態度がつれないというようなときも、「もうダメだ」とは決して思わないようにしましょう。
その絆を大切にしたいと思うなら、「大丈夫。きっとまた、いい関係に戻れる」と強く信じる方がいいのです。

「きっと大丈夫」と強く信じるためには、イメージングをすることをおすすめします。

イメージングとは、頭の中に「こうなったらいいな」という理想的なシーンをリアルに思い浮かべることで、潜在意識にその記憶を植え付けて、疑いの気持ちを小さくしていく手法です。

親友とケンカをしてしまったなら、以前のように仲良く話し合っているシーンをイメージするのです。

それを繰り返すことで、「もう嫌われてしまっただろうな」という弱気を捨てて、「きっと仲直りできる」と信じる強さを手に入れることができるのです。

イメージングは、夜眠る前に目を閉じて行うと効果が高まります。

繰り返しイメージするうち、二人の絆を本気で信じられるようになり、現実も変わっていくことでしょう。

昔のことをむし返さない

人間関係でトラブルになる原因は、相手を理解しようとせず、自分が正しいと思っていることを押しつけることにあります。

また、**自分の意見を伝えず、何もせずに、心の中に不平不満をためてしまうことも、問題を大きくします。**

何か気になることがあるなら、相手に直接聞いてみることで、勘違いに気づくこともあるでしょう。

気持ちを言葉にして伝えたら、意外とスムーズに受け入れてくれるかもしれません。我慢するだけでなく、そこから一歩踏み込むことは、お互いが理解を深めてさらに絆を強めるためのきっかけになります。

ですから、**本当にどうしようもなくなったときは、バッサリと縁を切ってしまう前に、話し合いの場を持つといいでしょう。**

そのときに気をつけたいのが、過去の話を持ち出さないことです。「過去」は、変えることができません。

それなのに、いつまでもそのことにこだわっていると、不安と苦しみは増える一方です。

たとえば、何年も前にケンカをして、その後仲直りをしたはずなのに、またむし返したりするのは、意味のないことです。

言われた方は、「それはもう解決したことなのに、今さらどうしろっていうんだ」と困ってしまうことでしょう。

私たちが生きているのは、過去ではなく「現在」です。ですから、とにかく「今」と「これから」に意識を向けることが大切なのです。

どうしても忘れられない記憶は、忘れたい出来事を紙に書いて破り捨ててしまうか、燃やしてしまうと、効果があると言われています。

終わったことを持ち出さないで、これからのことに目を向けて話し合う。

それを意識することで、二人の絆はこれからさらに強くなるでしょう。

嫌な人のプラス面を10個書き出す

細かいことばかり気にして、いつもイライラしている上司。

会う度にグチをこぼすネガティブな同僚。

何かあるとすぐに、「あなたはいいわね」と嫌みを言う学生時代の友人。

こんな人と一緒にいると、「困ったな。どうしたら、ストレスなくつきあっていけるだろうか」と気が重くなるものです。

「嫌な人だから、これからはできるだけ関わらないようにしよう」と考える人も、もちろんいると思います。

しかし、親戚や会社の上司や同僚などが相手だと、そうすることもできません。

こういう場合は、**イヤな気持ちをグッとこらえて、相手のプラス面に目を向けて、それを紙に書き出してみます。**

「確かにグチっぽいけど、自分も相手にグチを聞いてもらったことがある」

「あの人は性格はきついけど、料理が上手で、前に手料理をふるまってくれたときは、うれしかった」

「あの人はズボラでルーズなところがあるけど、逆に他人のミスにもおおらかで、怒っているところを見たことがない」

といった具合です。

多少、無理があってもかまいません。相手のプラス面を発見するゲームをするつもりで、たくさん探してみるといいでしょう。

「性格がきついけど、意外とペットをかわいがっているようだ」

など、なんでもいいのです。

すると、相手に対する憎しみや怒りのような気持ちがやわらいでいくと思います。

やってみればわかるのですが、どんな人でも、探してみればいい面が見つかるものです。

この先、その相手とずっとつきあっていくなら、プラスの感情を持ってつきあっていきたいものです。

「してもらったこと」を書き出してみる

誰かとケンカをしたときは、相手にしてもらったことを紙に書き出しましょう。

相手に不満を感じるのは、

「あの人は私の誕生会に来てくれなかった」

「メールを送ったのに返事をくれない」

「優しくしてほしいのに、いつもぶっきらぼう」

というふうに、**相手がしてくれないことに、意識が集中してしまっているからです。**

つまり、自分本位になっているのです。

そんなときは、**怒りをぶちまけて、あとで後悔しないように、いったん、落ち着くことが大切です。**

そして、これまで、相手が自分のためにしてくれたことを、ノートに思いつくままに書いてみるのです。

・落ち込んでいるとき、励ましの電話をくれた
・去年の誕生日、ケーキをごちそうしてくれた
・疲れているときに肩をもんでくれた

きっと、「あの人は○○してくれない」と怒っていたときには忘れていた、たくさんの事実が見つかるはずです。

ある女性は、婚約者の彼が仕事に夢中で、結婚式の段取りをまったく決めてくれないことに腹を立てていました。

しかし、これまで彼にしてもらったことを書き出すうちに、彼がどんなに自分を大切にしてくれているのかを実感して、怒るどころか、感謝の気持ちで一杯になったといいます。

誰かが自分のためにしてくれることは、どんなに小さなことでも、当たり前のことなどありません。

相手が自分のためにしてくれたたくさんのことを書いてみることで、二人の絆はまた一歩深まるでしょう。

何もしないのが正解のときもある

「このところ、あの人と会うと必ずケンカになってしまう」

「電話でもメールでも、なんだか思いがうまく伝わらない」

こんなときは、無理に解決しようとせず、しばらくの間、その相手との距離を置いた方がいいこともあります。


人にはバイオリズムがあるように、運気にも目に見えない波があります。


それは、人間関係も例外ではありません。

とくに理由はなくても、なんとなくギクシャクしてしまうとか、なぜかお互いに相手の発言にイライラする、といったときは、「今は、そういうタイミングなのだ」と考えて、割り切ってしまう方がいいかもしれません。

もしかすると、相手は、何か大切な考えごとをしていて、少しの間一人になりたいのかもしれません。

人間には、誰にもそんな時期があるものです。

こういうときに大切なのは、必要以上に相手を責めないということです。

また、「このままあの人と、絶縁状態になってしまうのでは……」と不安を感じる必要もありません。

そんなときは、**これまでの二人の積み重ねてきた時間を思い出し、心を落ち着かせながら、「焦ることはない」と考えることです。**

世の中のことが、すべて理屈通りにいくわけではありません。

悩んでも解決しないことは、何も考えない方がいいこともあるのです。

何も考えないことに負い目を感じるのなら、**「下手の考え、休むに似たり」**ということわざを思い出すことです。

これは、よい知恵もないのにいくら考えても時間がたつばかりで、休んでいるのと同じという意味です。

気持ちばかりが焦って行動してみても、かえって逆効果になってしまうかもしれないのです。

4章のまとめ

- □ ポジティブなものの見方、考え方をする人の方が人間関係がうまくいく
- □ 怒り・不満をぶちまけるメールを送りたくなっても、ちょっとしたことなら「水に流す」
- □ 母子手帳を通じて、母の過去や人生、自分との関係に思いをめぐらせてみる
- □ 思い通りにならない相手を責めても「百害あって一利なし」
- □ 相手の心理、性格、ケンカになるパターンを知って上手につきあうと、無駄なストレスを抱えずにすむ
- □ うまくいかなくても「もうダメだ」と思わず、理想的なシーンをリアルにイメージして、潜在意識に記憶を植え付ける
- □ 不満をため込みすぎない。伝えるときには、すでに解決している過去の話を持ち出さない
- □ 苦手な相手の良いところを、無理があってもいいからゲーム感覚で書き出してみると、怒りがやわらぐ
- □ 相手が「してくれないこと」にこだわってしまうときは「してくれたこと」を書いて、思い出すと効果的
- □ 焦らず、あえて距離を置くという方法もある

この章で気づいたこと

5章　相手が元気になるメッセージの送り方

ヘタな意見より、相手が「選んだこと」を応援する

大切な人との絆を強めたいのならば、相手の立場で考えることが必要です。

たとえば、親友に恋愛の相談を持ちかけられたとしましょう。

「遠距離恋愛中の彼氏から、『こっちに来て、一緒に住まないか？』と言われたの。彼のことは大好きだし、気持ちはとてもうれしいんだけど、今は自分の仕事も大事な時期。1年待ってもらってから、決断しようと思っているんだけど……」

彼女は自分で決断していながらも、「本当にこれでいいのだろうか？」と迷っている様子です。

こんなとき、どう答えてあげたらいいでしょうか？

「せっかく彼が呼んでくれているのに、1年も待たせたら可哀想。ボヤボヤしているうちに他の女の子に取られちゃうかもよ？」

「彼のところへ行っても、周りに誰も友達もいないから、きっと寂しいよ。このまま遠距離でもいいんじゃない？」

これだと、まるで彼女の意思を踏みにじっているようです。彼女は「自分の決断は間違っているんだ……」と悲しくなって、自信をなくしてしまうでしょう。

彼女は、**自分の選択に、いまひとつ確信が持てないから、話を聞いてほしいと思っているのです。**

ですから、彼女の意見を支持して、その選択を応援してあげればいいのです。

「きっと彼もあなたの選択を受け入れてくれると思う。私も応援する」

「仕事も大切にするあなたのことを、彼はきっとわかってくれると思う。大丈夫よ！」

こんな言葉を使って伝えれば、彼女は自分の選択を信じることができ、勇気を取り戻すことができるでしょう。

さりげなく相手の選択を肯定してあげるだけで、相手の心は元気になるのです。

ほめ上手になると友達が増える

「相手を肯定する」ということは、別の言い方をすると、「相手のいいところを見つける」ということです。そして、相手のいいところを見つけたときに、口から出てくるのが「ほめ言葉」です。

「ほめ言葉」というと、「いいですね」「ステキですね」「スゴいですね」「センスがいいですね」といったもので、言われた側はとてもいい気分になるものばかりです。

ですから、**日常生活でほめ言葉を上手に使える人は、周りの人に好かれます。**

しかし、日本人はほめるのが苦手な人が多いようです。

「ほめるなんて、コビを売っているみたいで恥ずかしい」

「どういうふうにほめたらいいのかが、わからない」

という声を聞くこともあります。

しかし、ほめるというのは、そんなに大げさなことではありません。もっと気軽に考えればいいのです。

アメリカに住んでいたある男性の話では、アメリカ人というのは、ほめ上手な人が多く、あいさつ代わりに人をほめる習慣があるといいます。

たとえば、その男性の服装が好みだったら、

「そのTシャツのデザインいいね。僕は好きだよ」

というようにほめるのです。友達同士だけではなく、初めて会った人にも平気で声をかけるそうです。

ちなみにその男性はレストランで働いていたのですが、制服のネクタイの形を変えるたびに、お客さんから

「今日のネクタイもかっこいいね！」と、何回か声をかけられたそうです。

おかげで、ほめてくれるお客さんとはすぐに仲良くなることができたといいます。

このように、**ほめ言葉はさりげない一言を、いつも通りの雰囲気で伝えればいいのです。**

嫌味でないかぎり、ほめられて悪い気になる人はいません。

ほめたことがキッカケで、新たな絆が生まれるチャンスがグッと増えるのです。

見栄を張るより「教えてください」

「賢く見られたい」「かっこよく見られたい」といった具合に、人は誰でも、自分のことを少しでもよく見せたいという心理を持っています。

ですから、自分の知らないこと、わからないことがあっても、それを周りの人に知られたくない人もいると思います。

ときには、人から何かを聞かれたときも、「わかりません」、「知りません」と言うことが恥ずかしく、「そのことなら、もちろん知っていますよ」などと知ったかぶりな態度を取ってしまうこともあるかもしれません。

しかし、**知ったかぶりをされたと知った相手は、必ずといっていいほど、「あの人は、見栄っ張りで負けず嫌いな人だ」と悪い印象を持ってしまいます。**

当然、人間関係もギクシャクしてくるでしょう。

何かを知らないことや、できないということは決して恥ずかしいことではありません。

むしろ、自分の知らない話題が出てきたら、

「実は私、そのことをあまり知らないの。よかったら教えてくれる？」

と言ったほうが、相手に何倍も好感を持たれます。

たとえば、「あのドキュメント番組、最高だったよ。君はもう見た？」と聞かれて、その番組の存在を知らなければ、

「その番組の名前ははじめて聞いたよ。でも、おもしろそうだから、どんな内容だったのか教えてほしいな」

というふうに、見ていない**事実と「知りたい」という好奇心を素直に伝えましょう。**


人は本能的に「誰かの役に立ちたい」と思っています。

それが、自分の知っていることを教えることだったら、喜びもひとしおです。

「教えてください」と素直な姿勢を見せれば、相手は何かと気づかってくれて、絆も徐々に深まっていくはずです。

「あの人がほめていたよ」と伝える

人間関係を良好に保つには、ほめることが大切です。

しかし、単純にその人の外見や持ち物をほめているばかりだと、相手に、

「もしかして、下心があるのかな？」

と思われてしまう可能性があります。

日本人はほめるのも下手ですが、ほめられることにも慣れていないのです。

ですから、ワンパターンのほめ言葉を聞き続けていると、だんだんと疑いを持たれてしまうのです。

ですから、ほめるときには、それなりの工夫が必要といえます。

ほめ方にはさまざまなパターンがあります。

その一つに、他人がほめていたことを、自分を通して相手に伝えるというテクニックがあります。

たとえば、社内の飲み会の席で、上司がたまたまそこにいなかった同僚のRさんのことをほめていたとしましょう。

「R君は、今回のプロジェクト頑張っていたな。入社3年目であそこまで皆をまとめあげるなんて、本当にすごいことだよ。彼はリーダーに向いているから、次はリーダー役を任せてみようかな」

といった具合です。

翌日、Rさんには、

「おはよう！　昨日、課長がお前のことをほめていたよ。今回のプロジェクトはお前のリーダーシップがあったから成功したって。だから、次はリーダー役にも考えているそうだよ。同期なのに、尊敬するよ」

上司の言ったことを正確に伝えた上に、「尊敬している」と自分の気持ちを同時に伝えるのです。

このように、**「あの人がほめていたよ」と伝えると、相手は直接ほめられるより数倍うれしい気持ちになり、二人の絆は着実に強くなっていくのです。**

「相手の得意なこと」をほめる

ほめ方にもさまざまなパターンがありますが、特に喜ばれるのは、相手の得意分野を見極めて、ほめるということです。

私たちは、まったく知らない人の性格をほめることはできません。見た目ならまだしも、内面に関わる部分をほめるためには、相手のことをしっかり観察する必要があるのです。

その中でも、相手の得意分野というのは、ある程度、コミュニケーションを重ねていかないと発見できないものといえます。

だからこそ、得意なことを見つけてほめることは、相手の心をプラスにし、二人の絆を強めるきっかけとなるのです。

Y子さんは、書類や荷物の整理整頓が大の得意です。会社のデスクはもちろんのこと、自宅もいつもスッキリしています。学生時代には引っ越しのアルバイトをして、他人の家の整理整頓を専門にしていたくらいです。

字がうまくないY子さんに、

「字がきれいですね」

などとほめても、本人はピンとこないでしょう。

この場合は、

「Y子さんのように整理整頓できる人って、いい奥さんになると思う。自分のデスクだけじゃなくて、周りの棚も時々整頓してくれているよね。そんなふうに細かな気づかいができる人ってなかなかいないから」

といった具合に、**相手の得意分野に絞ってほめましょう。**

Y子さんはきっと、

「この人は私のことをよく見てくれているな」と感動するはずです。

人は、ほめられるポイントによって、喜ぶ度合いも変わってくるのです。

相手に「疑い」を持っても、そのままぶつけない

大切な人の言動や態度を「もしかして、ウソかもしれない」と疑ったことがある人は、少なくないと思います。

とくに女性に多いのですが、恋愛中に好きな男性に疑いを持ってしまうケースをよく見かけます。

「今夜は残業で遅くなるって言っていたのに、さっき電話してみたら、どうやら居酒屋にいるみたいだった。もしかしたら、他の女の人と遊んでいるのでは？」

「今度のデートの計画は自分が立てると言っておきながら、なかなか連絡してこない。もしかしたら、私と一緒にいてもつまらないのかしら？」

といった具合です。

本来なら、好きだからこそ、彼のことを信じて肯定したいのに、実際は不安の気持ちの

方が大きくなって、彼の言葉や態度を疑ってしまうのです。

だからといって、

「昨夜《ゆうべ》、電話したとき、どこにいたの？　仕事と言っておいて、本当は遊んでいたんじゃないでしょうね？」

「連絡が遅いじゃない。デートするのが面倒くさいの？　私のこと、もう好きじゃなくなったのね」

などと問いつめてはいけません。

相手は「責められている」と感じて、二人の間に距離を置こうとするでしょう。

男性に限ったことではありませんが、**人は疑われることを嫌います。**

ですから、**疑いの気持ちが湧いたときは、グッとこらえてマイナスの感情が静まるのをひたすら待ちましょう。**疑いを持ってしまうのは仕方ないとしても、それを感情的にぶつけてしまうと、関係がギクシャクするのは確実だからです。

そんなときは、自分の感情を上手にコントロールして、相手を信じようとする気持ちを強く持つことです。そうすれば、大切な人との絆を強めることができると思います。

「疲れてるね」より「がんばってるね」

何だか元気がないように見える人や、疲れて見える人に、

「どうしたの？　元気ないね」

「何だか疲れていますね。何かあったんですか？」

などと言ってしまうのは、よくあることだと思います。

たいていの場合、「大丈夫かな？」「心配だな」という優しさが込められているのですが、この声かけが引き金となって、

「実は最近、ショックなことがあったの。徹夜で仕事をがんばったけど、ミスを連発して部長に怒られてしまって……」

といった具合に、相手からマイナスの言葉を引き出してしまい、その後もマイナスの言葉ばかりが飛び交う会話になってしまうこともあります。

心の状態というのは、見た目に反映されます。

相手が疲れて見えるときは、何らかの理由で落ち込んでいたり、不安な気持ちになっている証拠で、心もマイナスに傾いています。

そんなときは、話しかける側が意識して、プラスの感情を引き出すような言葉かけをしてあげるといいでしょう。

とくに女性は、「疲れているね」といった、見た目のことを指摘される言葉には敏感です。

「もしかしてお肌が荒れているのかも？」「そんなにやつれて見えるのかしら？」などと、気に病んでしまう人が少なくないのです。

いたわりや思いやりのつもりで発した言葉が、常に美しさを気にかけている女性を無意識に傷つけてしまうことにもなりかねません。

たとえ元気がなさそうでも、疲れていそうでも、「いつもがんばっているね」とプラスの言葉で励ますことが大切です。

相手は、認めてもらえたようでうれしい気持ちになり、こちらのさりげない気づかいに感謝することでしょう。

「あなたは特別な存在」と伝える

大切な人に、面と向かって「あなたは特別な存在だ」と伝えるのは、なかなか難しいことです。

「照れくさくて、今さら言えるわけがない」

「そんなことを言わなくても、お互い特別な存在なのはわかりきったこと」

などと思って、相手に向かい合うことを避けてしまいがちになります。

しかし、人は誰かから「特別な存在」として扱われると、とてもうれしい気持ちになるものです。

それは、ずっと一緒にいる家族や恋人、親友の場合でもそうです。

長く同じ時間を過ごしているからこそ、「特別な存在」だと伝える機会を意識してつくらないと、なにもないまま日々が過ぎていってしまいます。

その結果、お互いの心がすれ違っていることに気づかず、絆が壊れてしまうことだってあるのです。

たとえば、実家に帰っても、両親とあまり話さないという人は、外食に連れ出すのです。そこで、仕事の話や恋人のこと、将来のことなどを話してあげるのです。

両親はそれだけでも、かなり喜ぶはずです。そこで、

「お父さん、お母さん、なかなか顔を見せられなくてごめんね。でも、二人にはいつも感謝しているんだ」

と伝えるのです。両親は愛情を実感できて、感動するに違いありません。

また、**長くつきあっている恋人や親友には、会話の中で「あなただけ」「あなただから」という言葉を使ってみるのです。**

「あなたにだけ、聞いてほしいことがあるの」

「あなたはきっと、私の気持ちを理解してくれると思っていたの」

といった具合です。さりげない言葉ですが、相手の心にはグッと響くはずです。

絆をより確かなものにするために、普段のなにげない会話も工夫することが大切です。

相手の幸せを一緒に喜ぶ

相手に何か幸せな出来事が起こったときに、

「おめでとう！　よかったね」

と一緒に喜ぶだけで、相手の気持ちは満たされます。

おもしろいことに、**人は、うれしいことがあったとき、一人で喜ぶよりも、一緒になって喜んでくれる人がいるほうが、ずっと大きなプラスの感情を感じることができるのです。**

ある女性は、結婚式のとき、たくさんの人から「おめでとう」と言われることで、

「私は本当に好きな人と結婚できたんだ。みんなに祝福されて、これほど幸せなことはない。ああ、幸せだ、みんなありがとう」

と、どんどんうれしさがこみあげてきたのです。

そして、自分の幸せを祝福してくれた友人たちを、これからも大切にしていきたいと感じたそうです。

つまり、**大切な人が喜んでいるときに、一緒になって喜んで祝福してあげることには、両者の絆を強める効果があるのです。**

ただし、世の中には、知り合いの幸せを素直に喜ぶことができない人もいます。

自分がツイてないと感じていたり、不幸なことが立て続けに起こったりしている状態のとき、人のおめでたい話を聞くと、

「あの人ばっかり、幸せになってずるい！」

「なんだか、自分だけ取り残されたみたい……」

と、嫉妬や不安の感情が湧いてきてしまうことがあるからです。

もし、自分が誰かの幸せを祝えないときは、心が疲れているのかもしれません。

そんなときは、せめて、お祝いのカードを送りましょう。

間違っても、不機嫌な顔で「あなたはいいよね、それに比べて私は……」などと言ってはいけません。

焦らなくてもいいのです。自分の気持ちが落ち着いたらきっと、友達を笑顔で祝福できる日がくるでしょう。

無理に励ますより、悲しみを癒やしてあげる

身近な人の死や予期せぬ事故、自然災害、発病など、人は深く悲しいことがあると、失意のどん底に突き落とされたような気持ちになります。

ショックが大きすぎて、食欲がなくなったり、何もする気になれなかったり、自分を激しく責めたりと、なかなか悲しみから抜け出せなくなる場合もあります。

もし、あなたの大切な人がそんな状況に陥ったら、どう接してあげればいいでしょうか？

まず重要なのは、励ましの言葉を安易に使わないことです。

「そんなに落ち込んでいないで、元気出そうよ」
「悲しい気持ちはわかるけど、またがんばろうよ」
といったような言葉は、相手の心を余計に傷つけてしまう場合もあります。

というのも、いつまでも落ち込んでいられないこと、早く悲しみから立ち直って頑張ら

なくてはならないことを、当の本人が一番わかっているからです。
「もう立ち直れないかもしれない」
「生きる希望を見失ってしまった」
と絶望しているときは、何を言われても悲しくなるものです。

こんなときは、**「元気づけよう」とか「何か気のきいたことを言わなくては」とか思わずに、とにかく悲しみを受け止めてあげることです。**

たとえば、相手が涙を流しているなら、そっとハンカチを差し出してあげたり、何も言わなくてもいいので、ただ、そばにいてあげるだけでいいのです。

心が癒《い》やされるような、自然のきれいな場所に連れていってあげるのもいいかもしれません。

プラスのエネルギーを与えるというよりも、悲しみのマイナスエネルギーを徐々に減らす手助けをしてあげるのです。

そうすれば、次第に相手の悲しみが癒やされて、気持ちも落ち着いてくると思います。

当然、優しさに励まされた相手との絆も強まることでしょう。

5章のまとめ

- □ 普段の生活で、ほめ言葉を上手に使える人は、人に好かれる
- □ 知ったかぶりは必ず相手に悟られる。それよりも「知りたい」「教えて」の方が、よほど効果的
- □ 第三者がほめていたことを伝えられるのは、とてもうれしい
- □ 疑われることを好む人はいない。「怪しい」と思っても、グッとこらえてマイナス感情がおさまるのを待つ
- □ 女性に「体調悪い？」など、見た目のことを気にさせることは言わない
- □ 相手が疲れているようでも、プラスの言葉で励ます
- □ ずっと一緒にいる家族、恋人、親友にこそ、会話の中で「あなただけ」「あなただから」という言葉を使って気持ちを伝える
- □ 人は、いいことがあったとき、ひとりよりも「誰かと一緒に喜ぶ」方が、より大きな喜びを感じる
- □ 相手にいいことが起こったら、少々うらやましくても一緒に喜ぶ
- □ それができない気分のときは、お祝いのカードを送る
- □ 悲しみの中にいる相手には、気のきいたことなど言わなくていい。とにかく悲しみをがっちり受け止めてあげる

この章で気づいたこと

6章　「プラスの会話」が長く続く関係をつくる

マイナス言葉には、やんわりプラス言葉で返す

友達と会話しているとき、相手がどんな言葉を使っているか、聞いてみてください。

そのとき、「うれしい」「楽しい」「幸せ」「ラッキー」「好き」「運がいい」といったような言葉を多く耳にしたら、ハッピーな気持ちになりませんか？

逆に、「嫌い」「ダメ」「無理」「ツイてない」「不幸」「つまらない」といったような言葉を耳にしたら、心がどんよりと暗くなるのを感じると思います。

このように、言葉には、心をハッピーにするプラスのエネルギーと、心を暗くしてしまうマイナスのエネルギーを持つものが存在しています。

普段、なにげなく使っている言葉には、一瞬で人の感情を左右するパワーがあります。

ですから、**大切な人との絆を強くしたいときは、相手がハッピーになる言葉、つまりはプラスの言葉を使うように心がければいいのです。**

会社の受付をしているK子さんは、ハッピーな言葉を選んで会話する名人です。

営業担当の社員が、出先から戻ってきたとき、「電車が遅れて大変だった。乗り換えに1時間も待たされて、イライラしたよ」と不満げにもらしました。その会話を聞いて、K子さんは、「おつかれさまです。何事もなく無事に会社に戻ってこられたので、安心しました」と、優しく話しかけました。

すると、その社員は、笑顔でこう言いました。

「そうだね。電車が遅れただけで、ケガ人も出なかったからよかったよ」

そして、足取り軽《かろ》やかに、社内へ向かったのです。

相手が、「大変」「イライラ」というマイナスの言葉を選んでも、K子さんはやんわりとプラスの言葉で返しました。

これこそが、相手への気づかいというものです。マイナスの言葉を封じて、いつもプラスの言葉を使っていると、相手の心はプラスのエネルギーで満たされます。

相手から「また話したいな」と思われれば、自然と絆は強まっていくものです。

親しい相手にこそ「ありがとう」

「『ありがとう』と言う方はなにげなくても、言われた方はうれしい。『ありがとう』、これをもっと素直に言い合おう」

これは、経営の神様といわれた松下幸之助氏の言葉です。

「ありがとう」と感謝することの大切さは、誰にも言われなくても、たいていの人はわかっているはずです。

たとえば、仕事でミスをしたときにかばってくれた上司、就職活動で悩んでいた時期に親身に相談に乗ってくれた先生など、自分に対してプラスになる、特別なことをしてくれた相手には、「ありがとうございます」と伝えることは自然にできると思います。

しかし、両親や兄弟、恋人、友達などの身近な親しい人に対してはどうでしょうか？

「今さら、『ありがとう』なんて照れくさくて言えない」

「お互いさまだから、今さら『ありがとう』なんて言う必要はない」

などと思ってしまい、心の中では感謝しているのに、何も言わないでいる人もいるのではないでしょうか。

そういう人は、感謝することを難しく考えすぎています。**「ありがたいな」と思った瞬間に、口に出して伝えるだけでいいのです。**

実家に帰ったとき、母親が夕食を用意してくれたら、

「ありがとう。お母さんのご飯を楽しみに帰ってきたんだ」

恋人が、仕事の忙しい合間をぬって、デートの日を空けてくれたら、

「忙しいのにデートの日を空けてくれて、ありがとう」

風邪をひいたとき、電話をかけてきてくれた友達には、

「気にかけてくれて、ありがとう」

といった具合です。

「親しい人とは、もともと強い絆で結ばれているから大丈夫」と安心しないで、少しでも「ありがとう」を伝え続けることが大切なのです。

「大切な人の悪口は言わない」と決める

マイナス会話の代表は、グチと悪口です。

グチや悪口は、言う方の心も、聞いている方の心もマイナスの状態にします。そして、マイナスの状態になった者同士は、お互いに相手のマイナスな部分しか意識できなくなるので、関係が悪化することもままあるのです。

J子さんにはM子さんという、幼稚園時代からずっと一緒の幼なじみがいました。

休日はたいてい一緒に行動し、会えない日には電話をするなど、周りからも「本当に二人は仲がいいね」と羨《うらや》ましがられていました。

しかし、あるときM子さんが、会う約束をしたのに、

「日曜日は会社の同僚と上司の家におじゃますることになったから、約束を延期してほしい」

と申し出たところ、J子さんはカンカンに怒りました。そして、周りの友人たちに、

「M子は、私のことよりも会社の仲間の方を大切にしている」

「M子は誰にでもいい顔をする、八方美人な性格だ」

などと、悪口を言いふらしました。はじめのうちは同情して聞いてあげていた周りの友人たちも次第にあきれ、

「会社の人達との関係も大切にしたいM子さんの気持ちをわかってあげないJ子さんは、思いやりのない人だ」

と感じ、J子さんと距離を置くようになりました。人づてに悪口を聞いたM子さんは大きなショックを受けて、それっきりJ子さんと会わなくなってしまったといいます。


これまで強い絆で結ばれていた関係でも、悪口の強力なマイナスエネルギーによって、壊れてしまうこともあるのです。

理想を言えば、どんな相手に対してもグチや悪口は言わない方がいいのですが、人は完璧ではないので、つい言ってしまうこともあります。

最低でも、大切な人の悪口だけは絶対に言わないことを心に誓いましょう。

楽しかった体験を伝える

「先月のハワイ旅行、とても楽しかったよ。念願のパワースポットにも行けたから、あなたにもそのパワーを分けてあげたいの」

「この前のバーベキューパーティ、とても楽しかった。おもしろい人もたくさん来ていて、料理も最高だったよ。やっぱり自然の中にいるとホッとする」

このように、**自分が楽しかった体験を伝えることで、相手との絆を深めることもできます。**

こう言うと、

「自分が楽しくても、相手が楽しいとは限らないし、自慢話をしているようで、相手の気分を害するのではないか？」

と不安に思う人がいますが、**自慢話と楽しかった話は根本的に違うものです。**

実際に話を聞いていると、よくわかりますが、自慢話とは、必要以上に自分のことを大きく見せたい、目立ちたいという気持ちが前面に出るものです。

「聞いているだけで、疲れる」

「話を合わせるのがうっとうしい」

などと感じるのが自慢話の特徴です。

一方、**楽しい話とは、話す人からプラスのエネルギーがわき出ています。**

「あなたに、楽しい気分になってほしい」

「このうれしさを分けてあげたい」

という純粋な気持ちからの会話なので、相手もつられて楽しくなってしまうのです。

「今日、プールに入って、バシャバシャ泳いで、楽しかったよ」

といった具合に、小さな子供が、お母さんに自分の体験を一生懸命伝える姿は、周りの人を笑顔にするのと同じことです。

ですから、**意識的に相手の心が明るくなるような話題を選ぶことが大切です。**

そうすれば、「あなたと話すと、元気が出るから、また話したくなる」と思ってもらえて、強い信頼関係が築きやすくなるのです。

文句ではなくリクエストを言う

相手のイヤな面が目について、つい文句を言いたくなることがあります。

しかし、文句はマイナスのエネルギーが強い言葉なので、言えば相手との絆にマイナスの影響を及ぼします。

だからといって、何も言わないのもストレスがたまるし、相手のためにもならない、というときは、言い方を工夫しましょう。

具体的には、文句を言うかわりに、「要望」を伝えるのです。

「どうして、あなたはいつも約束の時間に遅れるんですか？　こっちだってヒマじゃないんですよ。ちゃんと来てくれないと困りますよ」

そんなふうに怒鳴ってやりたくても、そこはグッとこらえましょう。

その代わりに、落ち着いて、自分がどうしてほしいかを伝えるのです。

「今日は、何か事故でもあったのかと心配しましたよ。次回は時間通りに来ていただけると、うれしいです」

こんなふうに、**「自分がどう思っており、どうしたいと思っているのか」を言葉にすると、相手は素直に受け止めてくれるでしょう。**

「あなたは○○だ」という言い方で厳しいことを言われると、相手は、怒られているような気分になり、

「仕方ないじゃないか。こっちだってヒマじゃないんだよ」

と言い返したくなるのです。

この二つの言い方は、「アイメッセージ」と「ユーメッセージ」と呼ばれています。日頃から、「あなたは○○です」というユーメッセージで話すことが多い人は、つい文句を言ってしまいがちです。

意識的に、「私は○○だと思います」というアイメッセージを増やすことで、その場の雰囲気を壊すことなく、自分の気持ちを相手に伝えることができるのです。

自分の失敗談を明るく話す

大切な人との絆を強めるためには、あえて自分の失敗談を話すことも効果的です。

「失敗談はマイナスの言葉ばかり使うから、相手の気分も悪くなるのでは？」と思う人もいるかもしれません。

確かに、暗い顔をして深刻そうに話すと、相手の気持ちもマイナスへ傾きます。しかし、**ユーモアを交えながら、明るい雰囲気を演出すれば、相手の負担にはなりません。**

たとえば、テレビのトーク番組を見ていて、政治家や評論家など、立派な肩書を持つ人が、

「私も新人の頃は、仕事の覚えが悪くて、先輩によく怒られたものです」

といったように明るく失敗談を語っている姿を見て、思わず安心してしまうことがあると思います。

「こんなに偉い人でも、うまくいかないことがあったんだな」
「この人も自分と同じ人間なんだ。今は失敗を乗り越えて、大活躍しているんだな」と思い、共感するからです。

芸人やアイドルもそうですが、自分が失敗したときのエピソードを中心に披露しているタレントの方が、いいイメージを持たれるといいます。

そして**失敗談は、特に相手が落ち込んでいるときこそ、有効です。**

たとえば、親友が転職するための面接で大失敗をしてしまい、不採用になってしまったときは、

「僕も面接試験では上手に振る舞えたことなんてなかったよ。周りの人にも笑われて、恥ずかしかったよ」

といった具合に、過去の自分を笑い飛ばしながら、話してあげるとよいのです。

人は失敗すると落ち込んで、どうしても悲観的になるものです。だからこそ、相手の気持ちを察して、明るく接してあげられる人は、特別な存在にうつるのです。

ときには言いたいことを言う

人づきあいにおいて、譲歩する気持ちはとても大切です。

しかし、いつもいつも、

「私が意見することで、相手を傷つけたくない」

「彼には彼の言い分があるだろうから、私の意見は言わないでおこう」

と、言いたいことをため込んでしまうのは、お互いのためになりません。

なぜなら、厳しい言葉でも、飲み込んでしまうより、言ってあげた方が相手のためになる、ということもあるからです。

たとえば、親は自分の子供に対して、ガミガミとうるさいものです。

「勉強をしっかりやらないと、希望している大学には入れないわよ」

「仕事の方はどうなの？　世の中の役に立つような仕事をするんだよ」

といった具合に、何かにつけて、口を出してきます。

子供としては、「余計なお世話だな」「ほうっておいてほしい」と思い、つっけんどんな態度を取ってしまいがちです。

それでも、親は子供が心配なので、簡単には引き下がりません。

なぜなら、「注意」や「おせっかい」という行動の奥底には、深い愛情があるからです。子供にうとましく思われようと、言いたいことをハッキリと口にすることで、愛情をかけているのです。

実際に、親になってみないとなかなか理解しにくい感情だと思いますが、相手のためを思うからこそ、あえて苦言を伝えることも、ときには必要だということです。

たとえ、その言葉が相手にとって傷つく内容のものでも、場合によっては言わなければならないこともあります。

そのときは、愛情を持って注意することで、結果的に相手を救うことだってできるのです。**心から愛情を持って接すれば、苦言を伝えたくらいで絆は壊れたりしません。**

自分からあいさつをする

恥ずかしがり屋の人にとって、あいさつはできるだけ避けたい問題です。

「いま声をかけたら、気づいてもらえないかも」

「そんなに親しい間柄ではないから、なれなれしいと思われるかもしれない」

「返事をしてもらえなかったらイヤだな」

そんな理由から、結局あいさつができなかった、という経験を持つ人もいます。


しかし、**あいさつは相手との絆を強める高い効果があります。**

「おはようございます」

「おつかれさまでした」

そんな言葉を毎日かけあううちに、自然と仲間意識がわいてくるのです。

あいさつができる関係になっておけば、それ以上に親しくなるチャンスはいくらでも訪れます。

しかし、顔は合わせるがあいさつはできない、という関係のままでは、そこから先にはなかなか進めなくなってしまいます。

ですから、**親しくなりたい相手がいるなら、できるだけ早いタイミングで、自分から声をかけて、あいさつを交わす関係になっておくことです。**

あいさつに遠慮は禁物です。

万が一、相手から返事が返ってこなかったなら、それは遠慮がちに声をかけたために相手が気づかなかったのかもしれません。

次の機会にはもっと元気にあいさつをしましょう。

また、相手と親しいからといって、あいさつを「省略」してしまうのもよくありません。

「あいさつ」は、絆をつくる第一歩であり、絆を保つ大切な言葉でもあります。

いつだって、礼儀正しい人は、人から好かれるのです。

6章のまとめ

- □ 相手がハッピーになる言葉を使う
- □ 相手がマイナス言葉を使ってきたら、マイナスで応じず、やんわりと「プラス言葉」で返せばいい
- □ 照れくさくても、「ありがとう」を口に出して伝える
- □ 強い絆で結ばれた関係も、ひとつの悪口で壊れることがある
- □ 自慢話と「楽しかった話」は違う。相手の心が明るくなる話題を選ぶ
- □ 「ユーメッセージ」より「アイメッセージ」で話すと、気まずくならずに自分の気持ちを伝えられる
- □ 「自分の失敗談を明るく話す」ことは、相手が落ち込んでいるときこそ効果的
- □ 愛情を持っていれば、苦言を呈しても関係は壊れない
- □ あいさつに遠慮は禁物。2度や3度返事がなくても、気にせず続ける

この章で気づいたこと

7章　「相手が喜ぶツボ」をはずさないヒント

どんな死に方をしたいか考えてみる

自分の死を意識することで、今をどのようにして生きればいいかのヒントを得られることがあります。

ある実業家の男性は、自分が死んだとき、たくさんの人に、「ありがとう」と言ってもらえるような人間になることを、常に意識しているそうです。

ですから、人をだますようなことは絶対にしませんし、誰に対しても誠実で、人から喜ばれるようなことをたくさんしています。

人の恨《うら》みを買うような商売をしたら、理想の死に方ができなくなってしまうからです。

ネイティブ・アメリカンの言葉に、次のようなものがあります。

あなたが産まれたとき、

あなたは泣いていて、周りの人々は笑っていたでしょう。
だからあなたが死ぬときは、
あなたは笑い、周りの人々は泣いているような人生を送りなさい。

これこそ、多くの人が目指す死に方ではないでしょうか?

誰だって、自分が死んだことを誰も悲しんでくれないような未来は、想像したくないはずです。

そして、このような死を迎えるためには、**生きているうちにたくさんの人と接し、たくさんの人の役に立ち、感謝される人間になっておくことが必要です。**

自分が、どんな死に方をしたいか、考えたことがある人は多くはないでしょう。
しかし、これを機に、死について真剣に考えてみると、周囲の人たちとのつきあい方が変わってくるかもしれません。

自分から先に力を貸す

心理学には「好意の返報性」という法則があります。

簡単に説明すると、**「人に好意を与えると、好意が返ってくる」**ということです。


この法則は、人との絆を強める場合にもあてはまります。

なぜなら、相手に好かれれば、その相手との絆は自然と強まるものだからです。

ですから、「この人とはもっと親しくなりたい」と思ったら、まず、自分の側から相手に好かれるような行動を示すことが大切です。

恥ずかしがって、相手から声をかけてくれるのを待っているようでは、いつになるかわかりません。

当たり前のことですが、このとき、

「あなたともっと仲良くなりたいので、力にならせてください」

なんて、改めて言う必要はありません。

思いやりを持って、「こういうことをしたら、相手に喜んでもらえそうだ」ということを、自分に無理のない範囲で実行すればいいのです。

たとえば、パソコンが苦手な上司が困っていたら、自分の担当ではなくても、

「私、パソコンが得意なので、よろしければ、お手伝いします」

と声をかけてあげるのです。

「恥ずかしいから」

「でしゃばりだと思われたらイヤだ」

「自分からではなく、相手から歩み寄ってほしい」

などという考えでいると、いつまでたっても相手との距離は縮まりません。

下手なプライドは、この際、捨ててしまうことが大切です。

「人のために、自分に何かできることはないか」ということを意識して生きていると、人望のある人になることができます。

そして、力を貸した人との絆も強くなるのです。

少しだけ余分な手間をかける

相手に何かを頼まれたときは、頼まれたことだけをやるのでなく、ちょっとだけ余分な仕事を付け加えるようにしましょう。

それだけで、

「この人は気がきくな」

「思いやりのある人だな」

という、小さなプラスの印象を与えることができます。


たとえば、OLのS子さんは、同僚のE子さんに、

「今晩、ちょっと聞いてほしいことがあるんだけど、仕事のあと、食事につきあってくれる？」とお願いされました。

S子さんは、その日は特に予定がなかったので、「いいですよ」と答えました。

しかし、S子さんはそれだけでなく、どうも相手の様子から、何か特別な深い話があるようだと感じたことから、すぐに二人きりでゆっくり話せる個室のあるレストランを探して予約を入れました。

「ゆっくり話せるようなレストランを予約しておいたからね」とE子さんに伝えると、E子さんは、「S子さん、気を使ってくれてありがとう」と、喜んでくれました。

E子さんの相談ごとは、新しくやってきた上司と反りが合わなくて困っているというものでした。

S子さんが、E子さんのグチを黙って聞いてあげると、E子さんは気持ちが落ち着いた様子で、次の日は元気になって会社にやってきました。

S子さんはいつもこんな調子なので、会社ではとても人気者です。

そのおかげで、以前、S子さんが体調を崩して入院したときは、同僚たちがすすんでS子さんの仕事をフォローしてくれました。

S子さんがこれまで築いてきた絆が、今度は自分を助けてくれたのです。

「いいこと」は一人占めにせず人とシェアする

自分の持っているものを分け与えることで、相手を喜ばせてあげることができます。


「分福」という言葉を知っているでしょうか?

意味は、読んで字のごとく、「福を分ける」ということです。

たとえば、ご近所の方からメロンをもらったとします。

そうしたら、自分ですべて食べるのではなく、半分に切って、半分を人に差し上げるのです。

この考え方の背景には、**「自分一人で喜んだって仕方ない。周りの人も一緒に喜んだ方が、幸せではないか」**という考え方があります。

ところが、実際に自分のところに幸福が転がり込んできたときに、人に分け与えることができる人は、そう多くないようです。

その証拠に、日本ではあちこちで、相続争いが起こっています。相続が発生し、両親の残してくれた財産を兄弟で奪い合った結果、せっかくの家族の絆が壊れてしまうことも珍しくないといいます。

天国の両親は、そんなことを望んではいないと思うのですが、欲に目がくらむと、そうなってしまうようです。

分福精神がないということは、別の言葉でいえば、ケチです。

そういう人たちは、自分がたくさんの絆に支えられて生きてきたことを忘れて、「自分さえよければいい」という態度をとるため、人から嫌われます。

しかし、人は、周りの人たちとの絆がなくては、楽しい人生を送ることが難しくなってしまうのです。

メロンを、一人で全部食べれば、それは贅沢《ぜいたく》な気分を味わえるでしょうが、その喜びは、長くは続きません。

しかし、小さくカットして、仲間と一緒にシェアすれば、その楽しかった思い出や、相手との関係性は、そのあともずっと長く続いていくのです。

知り合いを紹介する

人の力になることの代表に、自分の知り合いを紹介することで、相手を応援するということがあります。

人脈は大事なものだからこそ、自分の知り合いを誰かに紹介すると、相手を喜ばせることができます。

世の中の成功者と呼ばれるような、経済的にも恵まれていて、私生活も充実している人たちは、人をよく紹介し合います。

誰かが相続対策で困っているといえば、その人がお世話になっている税理士さんを紹介したりするような場面は、しょっちゅう見られます。

その親切の陰には「こうして、縁があって出会った人には、自分と同じように幸せになってほしい」という願いが、隠れているようです。

彼らはそうやって、相手のためにすすんで自分の力を貸すことで、その相手との絆を強くします。

その縁が将来、ビジネスにつながり、さらに大きな成功を手にするようなこともあります。

これは、多くの人にかけた情けが、巡り巡ってその人のもとに返ってきているとも考えられます。


もちろん人を紹介するときは、相手に迷惑がかからないような人だけを紹介すべきです。

どちらか一方にしかメリットのないような組み合わせの二人を紹介するのもよくないでしょう。

その点にさえ気をつければ、人を紹介することは、人助けになるものです。

逆にいうと、誰かが自分に大切な人を紹介してくれたときは、きちんと感謝をすることが大切です。

「知っていること」を惜しまずに教える

知っていることを教えてあげるのも、人に喜ばれる手段のひとつです。

仏教でも、知識を与えることを「知施」といって布施のひとつになっています。

「でも、自分は人に教えるような立派な知識は持っていない」

と言う人がいるかもしれません。

しかし、意外かもしれませんが、**自分では「こんなこと、知っていて当然」と思うことも、分野の異なる人たちからみたら、まったく知らない内容だったりするのです。**

それに、自分がこれまで体験したことから得た感想や体験談などは、自分だけにしかわからないことです。

そういうことを教えてあげるのも、人には喜ばれることがあります。

N子さんは、同じ会社の同僚から、

「友人が、N子さんが前に勤めていた会社の入社試験を受けるので、ちょっと話を聞いてあげてほしい」というお願いをされました。

「私が勤めていたときと今とでは、事情が変わっているから、参考にならないと思いますよ」などと言って、相談を断ることもできたでしょう。

しかし、N子さんは、「私でお役に立てることなら」と言い、

「社内の雰囲気はどんな感じでしたか?」

「若い人が働きやすい職場ですか?」

といったたくさんの質問に、イヤな顔ひとつせず、答えました。

N子さんのその対応をありがたく思った同僚は、その後、N子さんに好感を持つようになり、二人は親友になりました。

N子さんにとって、自分の体験を話すだけなので、難しいことではありませんでした。しかし、そのことが、相談者や仲介した同僚にとっては、とてもありがたいことだったのです。

このように、自分の知識を教えることが人助けになることがあります。

相手の喜ぶポイントを見抜く

甘いものが苦手な人に、ケーキを贈っても喜ばれません。

相手の力になりたいと思うなら、**相手が求めていることを知る**ことが大切になります。

ある女性は、母の日に母親に喜んでほしくて、

「何か買ってほしいものがある？」

と聞いてみました。

すると、意外な返事が返ってきました。

「何もいらない。それより、お父さんに優しくしてあげて。お父さん、あなたと最近は口もきいていないと言って、寂しがっていたから」

と言うのです。

実は、その女性は子供の頃しつけに厳しかった父親のことをあまり好きになれず、大人

になってからも、なんとなく距離を置いていたのです。

そんなことを言われるとは夢にも思っていなかった彼女でしたが、さっそく、その場で父親に電話をして、元気な声を聞かせてあげました。

すると、母親は、

「ありがとう。お父さん、きっとうれしいと思うよ」

と言って、目に涙をためて喜んだのです。

母親にとっては、ずっと気がかりだった娘と父親の関係を少しでもよくすることが、何よりの望みだったのです。

高級ブランドのバッグをもらうよりもずっと、その方がうれしいのです。

どうしたらその人の力になれるのか。そのことに意識を配り、実際に力を貸して、喜んでもらいましょう。

大きな喜びを与えることができれば、その分だけ、自分と相手をつなぐ絆は太くなるのです。

相手の趣味や「好きなこと」を応援する

人間は、一人ひとり性格も違えば、価値観も違います。

こう言われると、「そんなことは当たり前だ」と思うかもしれません。

しかし、それをわかっているはずの多くの人たちも、無意識のうちに「自分の好みや考え方がナンバーワンだ」と思い込んでしまい、他人の価値観を快く受け入れられない、ということはよくあります。

たとえば、クラシックを聴くことが何よりも好きという人は、ロックやポップスなどに夢中になっている人を見ると、

「クラシックこそ本物の音楽なのに、なんでこの良さが理解できないの？」

と感じるのではないでしょうか。

中には、その思いを実際に口に出して、相手に不愉快な思いをさせてしまう人もいるか

もしれません。

しかし、それでは同じような価値観を持った人にしか心を開けないということになり、人間関係を広げることが難しくなってしまいます。


趣味や好みというのは、その人の個性そのものです。

その個性の部分にこそ、「その人らしさ」が詰まっているのです。

ですから、**人を見るときに、好みの違いに注目するよりも、「この人はどんなことが好きなんだろう？」と興味を持つようにするのです。**

そして、実際に相手の好きなことについて、くわしく聞いてみるのです。

相手は自分の好みに興味を持ってくれたことに、喜びを感じてくれて、もしかしたら、おもしろいエピソードを聞かせてくれるかもしれません。

自分とは価値観が違っていても、相手の好きなことに興味を持ち、それを応援することで、その人の心に触れることができ、会話がはずむきっかけになります。

きっと相手もこちらの好みを知りたくなり、二人は徐々に絆を深めていくことができると思います。

ボランティアに参加する

自分の力を貸すのは、特定の人が相手とは限りません。

ボランティア活動に参加して、身体が不自由だったり、家庭環境に恵まれなかったりといった、困っている人たちの力になることでもいいのです。

その場合は、誰かとの絆を強くするということとは、少し目的が違ってきます。

もちろん、ボランティア先で知り合った人と新しい友情が生まれるというようなこともあるでしょう。しかし、それはボランティアを体験することで得られるもののメインではありません。

実は、ボランティア活動を通じて、「人のために自分の力を使う」という行動をすることで、人は必ずといっていいほど、ある学びを得ることができます。

それは、**「人のために何かをして感謝されることほど、幸せなことはない」**という気づきです。

老人ホームでボランティアを体験した女子大生は、終わった後、体は疲れたものの、心は満たされていることに気づきました。

その日、彼女はお年寄りの食事を介助したのですが、たくさんの人々から、「ありがとう」と言われ、「こんな自分でも人の役に立てるんだ」とうれしくなったのです。

それから、彼女は定期的にその老人ホームに通い、お年寄りの介助をしています。

それまでの彼女は引っ込み思案なタイプでしたが、それからは、何か困っている人がいれば、積極的に声をかけて手伝うようになりました。

このように、**ボランティア活動をしたのがきっかけで、自分の中に眠っていた「奉仕」の気持ちが目覚めるケースがあります。**

すると、日常生活の中でも人助けをすることに抵抗がなくなり、周りの人との絆づくりにつながっていくのです。

7章のまとめ

- □ 生きているうちに、たくさんの人の役に立ち、
  感謝される人になっておく
- □ 人に好意を与えると、好意が返ってくる
- □ 「あの人のために、何かできることはないか」を意識して
  毎日をすごす
- □ プラスアルファのサービスをすると、人は感動し、
  「この人を大事にしよう」と思うようになる
- □ 分福をする人ほど、幸せになる
- □ 自分にとっては「知っていて当然」のことも、
  相手にとってはとてもありがたい知識である場合が多い
- □ どうしたらその人の力になれるのかを考える。
  そのために、相手が求めているものを知る
- □ 相手に興味を持ち、
  「この人はどんなことが好きなんだろう？」と考えると、
  ストライクゾーンがわかる
- □ ボランティアの意義は、「人のために何かをして感謝される
  ことほど、幸せなことはない」と気づくこと

この章で気づいたこと

8章 「頼まれごと」への賢い応じ方、断り方

誘われたら出かけてみる

人間関係はお互いのつながりでできています。

学生時代のつながりというと、友人、アルバイト仲間くらいのものかと思います。

しかし、社会へ出ると、会社の人たちとのつながりをはじめ、取引先や異業種の人など、交流の輪がグッと増えます。

ですから、「こんなイベントをするから来てほしい」というようなお誘いも結構あるものです。

「今度、30人くらいでパーティを開くんですが、よかったら来ませんか？」

「仲間内で、近くの温泉に1泊旅行する計画を立ててるんだ。旅館の料理がとてもおいしいから、あなたにもぜひ来てほしいんだけど……」

「私の知り合いが、クラシックコンサートに出演するの。一人だけだと行きづらいから、よかったら一緒に行きませんか？」

といった具合です。

こんなとき、**人とのつながりを大切にする人は、なるべく都合をつけるようにして、「いいですよ。喜んで行きます」と快く引き受けます。**

そして、出かけた先でみんなとより親しい関係になり、新しい出会いに恵まれたり、新しい趣味を見つけたりして、毎日楽しく過ごすことができるのです。

そもそも、誘われるということは、相手があなたに好意を持っている証拠です。

「この人は声をかけたら、きっと私のお願いを受け入れてくれるだろう」と思ってくれているわけですから、その気持ちをありがたく聞き入れれば、相手に喜びを与えることができるのです。

「大切な人との絆を強める」というと何だか難しそうに感じる人でも、誘いに応じて参加することは簡単だと思います。

ですから、**「疲れているから」「面倒くさい」などと言わずに、張り切って出かけてみることです。**

新しい絆が生まれることは間違いありません。

断るときはクッション言葉を使う

頼まれごとにはなるべく応じたい、という気持ちはあっても、どうしても「ノー」を言わなければならない状況もあるかと思います。

断られる方は、「しょうがないよね」などと思い、相手のことを責めたりはしないでしょうが、言い方を間違えてしまうと、関係にヒビが入ってしまいかねません。

「ノー」というのは、否定語です。否定語を突きつけられると、話し方によっては、心が傷ついてしまう人もいます。

そんな相手の心情を気づかうためにも、ぜひ使ってほしい言葉があります。

断りの言葉を発する前に、

「今回は残念ですが……」

「せっかく依頼していただいたのに、申し訳ないのですが……」

「できるなら引き受けたいところですが……」

といったようなクッション言葉を使うのです。

断る前にこれらのクッション言葉を入れるだけで、相手の心の傷を最小限にとどめることができるのです。

ある男性は、上司から急な仕事を振られると、忙しいせいか、「今、忙しいんですよ！　頼むなら、後にしてくださいよ」といった具合に、とげとげしい言葉で返事をしてしまいます。

はじめは事情を汲み取ってくれていた上司も、彼の言葉づかいに不満を爆発させ、「もう君には仕事を頼まないよ。どこか他の部署へ移るかい？」と嫌みを言ってきたそうです。彼はハッとして、これまでの自分の断り方の失礼さを反省し、クッション言葉を使う習慣を身につけていったといいます。

いくら親友のような間柄でも、相手の気持ちを無視するような言葉づかいをするようでは、絆を維持できません。

口調はやんわりと、しかし意思表示はハッキリと示すのが、思いやりのある断り方です。

頼みごとにはなるべく応じる

何かを頼まれたときに、すぐに「ノー」と言ってしまう人がいますが、相手からは、

「この人は私の話を聞いていないな」

「私のことが嫌いなのかな？」

と思われてしまい、次第に頼みごとをされることがなくなります。

頼みごとをされなくなるということは、面倒くさいことから解放されるように思いがちですが、実は大きな損なのです。

相手からすれば、

「この人ならば頼みごとに応じてくれるだろう」

という期待する気持ちがあるから、声をかけているのです。それを、そっけなく拒否しているわけですから、相手との信頼関係が築けなくなるのです。

つまり、**頼みごとをされたときに応じることができる人こそ、周りの人たちとの絆をつ**

くるチャンスに恵まれているというわけです。

そのチャンスを生かして、たくさんの人と交流している、ある30代の女性の話を紹介します。

彼女はもの静かで、人見知りの性格に悩んでいました。

しかし、「いろんな人と友達になりたい」という願望を持っていたので、仕事でもプライベートでも、頼みごとをされたら快く引き受けていました。

結婚式やセミナーの受付など、気が進まないこともたくさん頼まれましたが、**「私でよかったら、お役に立てるとうれしいです」と、笑顔で答えていたら、性格もどんどん明るくなり、彼女を慕う人が増えました。**

今では、信頼できる恋人ができ、大好きな友達にも恵まれ、楽しい日々を過ごしているといいます。

このように、頼みごとを快く引き受ければ、親しくなる人が増えるだけでなく、多くの人との絆を生むことができるのです。

断る代わりに別の案を出す

人間関係が良好な人が、すべての頼まれごとを引き受けているかといえば、そうではありません。

食事会に誘われたとしても先約があるときは、「申し訳ありません。他に予定があるんですよ」と断るしかありません。

また、「お金を貸してほしいんだけど……」というような、その後の関係にヒビが入りかねない頼まれごとは引き受けない方がいいでしょう。

だからといって、「無理に決まってるよ」とか「そんなこと言われても、困りますよ」といったような返事の仕方では、相手の気分を損ねてしまいます。

そこで、**断る代わりに、別の提案をする**という方法があります。

たとえば、

「悪いけど仕事がたまってるんだ。今度の土曜日、出勤してくれないかな?」

という頼みごとを断りたい場合は、

「すみません、その日はどうしてもはずせない約束があるので難しいんですよ。でも、木曜と金曜なら残業して、それまでに仕上げてしまうことはできます」

といった具合です。

この場合、土曜日に出勤することは無理だけど、たまった仕事を片付けることはできる、と相手に伝えているので、別の形で頼みごとに答えたことになります。

そして、相手は、

「助かるよ。じゃあ、木曜と金曜に残業をお願いします」

と、具体的に提案をくれた相手に感謝するはずです。

このように、相手からの頼みごとには直接答えられなくても、別の形を提案できれば、結果として相手の望みを叶えることができるのです。

「どう断るか」と頭を悩ませるよりも、「何か代わりにできることはないか?」と考えるクセをつけましょう。そういう人が、周りの人との絆を強めることができます。

誰からの頼みごとでも誠実に応じる

相手によって、自分の態度をコロコロと変える人がいますが、これは頼みごとに関しても同様のことが言えます。

自分より地位の高い人から頼みごとをされたら喜んで引き受けるのに、自分より立場の弱い人に対しては、

「そんなこと、自分でやったらいいでしょ」

などと、別人のように冷たい態度を取るような人がいます。

こういう人は、遅かれ早かれ、周りの人から見限られてしまい、当然、絆を育《はぐく》むこともできません。

一方、周りの人との絆を育てられる人というのは、**誰の頼みごとでも誠実に応じようとする人**です。

ある女性は、社内の90パーセントが男性社員という職場で働いています。愛嬌《あいきょう》はいいのですが、少しそそっかしい彼女は、周りのみんなからかわいがられていました。

しかし、社内にはさまざまなタイプの男性がいます。彼女に優しく接してくれる人もいれば、彼女がミスをしたときに激しく怒るような厳しい人も数名いました。

しかし、彼女は、自分に対して優しい人とそうでない人、という区別をつけずに、誰からの頼みごとも同じように引き受けました。

すると、次第に彼女に対して厳しかった人たちの態度が変わってきたのです。

きっと、彼女の誠実な態度に感心したのでしょう。

それからというもの、彼女は以前は厳しかった男性社員の中にもすっかり溶け込むことができました。

誰だって、自分によくしてくれる人の頼みごとだけに応じたい、と思うものです。

しかし、そこをグッとこらえて、誰からの頼みごとでも誠実に応じるよう努力することが、職場のみんなと絆を育むコツなのです。

「あなたの力になりたい」と伝える

あなたの大切な人は、あなたに頼みごとをしてきますか？

「そういえば、あまりされたことがない」という人は、少し自分の態度を振り返ってみた方がいいと思います。

なぜなら、自分でも気づかないうちに、頼みごとをしにくい雰囲気をかもし出しているかもしれないからです。

人が頼みごとをするときに、どんな基準で相手を選ぶかというと、「自分が心を許している人、親しみや優しさを感じている人」というのがほとんどです。

そう考えると、**大切な人からあまり頼みごとをされないということは、相手は自分との関係をあまり大切に感じていないか、**

「頼みごとをしたいけど、厚かましいと思われそう」

と、遠慮の気持ちを持っている可能性があります。

そのような状態では、とても絆を強めることなどできません。

ですから、あらためて関係を見直す意味でも、大切な人に伝えてほしいことがあります。

それは、会ったときや電話をするときに、

「あなたのことを大切に思っているから、何か頼みごとがあるときは遠慮なく言ってね。いつでも、あなたの力になりたいと思っているから」

といった具合に、「役に立ちたい」という一言を付け加えるということです。

親しい間柄でも、頼みごとをするときは少なからず、「迷惑じゃないかな？」と少し不安な気持ちになるものです。

そんなとき、こちらから「力になりたい」と言われると、相手は感謝の気持ちでいっぱいになるでしょう。そして、

「この人になら、いつでも安心して心を開ける」

と思ってもらえるのです。

大切な関係だからこそ、頼みごとを通して、絆をより確かなものにしていきましょう。

待たせず、すぐ返事をする

頼みごとをされたとき、応じるにしろ断るにしろ、返答をスムーズにすることが大切です。

たとえば、恋人が、

「あなたを僕の親友に紹介したいんだけど、今度の休み、予定を空けておいてくれない？　一緒に食事をしよう」

と頼んできたとしたら、

「もちろん、大丈夫よ。あなたの親友に会えるなんて、うれしい」

とすぐに答えることができるかどうかです。

「うれしいけど、心の準備ができるまで返事を待ってもらおう」と思っているならば、誘った側の立場を考えていないといえます。

というのも、彼は、自分の予定だけでなく親友の予定も合わせなくてはならない上に、お店の予約もしなくてはならないのです。

一人の都合を待っていると、いつまでたっても予定を決定することができず、時間だけがムダになってしまいます。

「やっぱり、あなたの親友に会うのはまだ早いと思うの」

「その日はどうしても無理なんです」

などと、待たせた後で断ってしまうと、相手は「それならそうと早く言ってほしかった」と思うでしょう。

同じ断るのならば、グズグズと返事を先延ばしせずに、きっぱり「ノー」と言ったほうがいいでしょう。相手に期待させておいて、結局はそれを裏切ってしまうというパターンが、一番相手の気持ちを損ねるのです。

さらに、この場合だと、行くと決めていたら「うん、いいよ」と答えて、その後で心の準備をするくらいでちょうどいいのです。

大切な人からの頼みごとは、タイミングが命です。

そういった意味でも、頼みごとの返答はスムーズにしたほうがいいのです。それが相手を傷つけずに、絆をつなぎ止めておくポイントと言えます。

8章のまとめ

□ 会合、パーティなどに誘われるのは、
相手が好意を持っている証拠。
出不精にならず、なるべく人の集まる場に出ていく

□ 断るときは、クッション言葉を入れ、
口調はやわらかに、意思表示はハッキリと

□ 頼みごとに応じられる人こそ、
豊かな絆をつくるチャンスの多い毎日をすごせる

□ 大事な人から「頼みごとをされない」のは要注意

□ 「どう断ろう」と悩むより、
「代わりにできること」を考える

□ 裏表のある人に、絆は築けない。
誰からの依頼でも誠実に応じる

□ 返事はスムーズに。タイミングが命と心得る

この章で気づいたこと

9章　深い信頼と「ちょうどいい距離感」のバランス

ストレスになる人とは会わない

相手との絆を強めるためには、ときには自分が譲歩をすることも大切であると述べました。

しかし、あまりにも自分ばかりが我慢を強いられるのなら、それは問題です。

相手も自分のことを同じように大切に思っている場合、自分が相手に譲ることがあるように、相手も自分に譲ろうとする気持ちが生じるのが自然だからです。

その結果、「この人といると、自分の意見が言えなくて疲れる」と感じて、**その人と会うことがストレスになるようなら、その関係を長く続けることは、自分にとってプラスではありません。**

相手のためと思って我慢したことが、結果的にその間にあった絆を壊してしまうことになれば、本末転倒です。

ですから、人とつきあう中では、過剰な主張は抑えつつも、「言いたいことはある程度は言う」というルールを自分に課しておくことが大切です。

欲しいものを「欲しい」、やりたいことを「やりたい」と、たまに主張することは、相手が嫌がることでない限り、何も悪いことではありません。

むしろ、楽しい時間を過ごすためには、不可欠なことです。

本当に欲しいものを「いらない、欲しくない」と言ってみたり、好きなものを「嫌い」だと言って自分の気持ちをごまかしたり、大切なものをつまらないものを扱うようにしてしまったり……そんなことをしていると、幸せはどんどん遠ざかります。

たとえば、友達とどこかに出かけるとき、これまで、「どこがいい？」と聞いていて、いつも相手の希望に合わせていた人は、たまには、「あのお店に行ってみない？」と自分から提案してみてはいかがでしょうか。

ストレスのある人づきあいは、自分のためにも相手のためにもなりません。

適度な自己主張と適度な我慢をしながら、自分たちにとって居心地のいい距離感を探ってみることが大切です。

見返りを求めない

「あの人は有名人とコネがたくさんあるらしいから、仲良くしておいたほうがよさそうだ」

「あの人はお金持ちだから、親しくしていれば、何かおごってくれるかもしれない」

そんなふうに、下心をもって相手との絆を築こうとしているなら、その絆が結ばれることはないかもしれません。

なぜなら**本来、絆というのは、「見返りなど求めない」純粋な関係の間で結ばれるものだからです。**


お金持ちだから仲良くなりたい。

あの人は人気者で、一緒にいると自慢できるから友達になりたい。

そんな思いで近づいても、相手に警戒されるだけです。

それを相手に打ち明けなくても、人が考えていることは、なんとなくその人の印象になって表われるものです。

ですから、そんなことをすれば相手は「この人は自分を利用しようとしている」と感じて、二人の間に壁をつくってしまうのです。

もし、ラッキーなことに、そういう相手と親しくなれたとしても、関係はきっとギクシャクしてしまいます。

相手への期待が大きい分だけ、見返りを求めたくなるからです。そのことは、間違いなく相手の負担になります。

そして、見返りが得られないと、自分のほうも「こんなはずじゃなかった」と相手に不満を持つようになるのです。

それはまさに、相手を尊敬することとは正反対の行為です。

そんな二人の間に、強い絆が生まれることはありません。


見返りを求めて、絆をつくろうとしても、その先には何も生まれないのです。

「一緒にいて楽しい」「相手のためになりたい」そんな気持ちの先にある絆が、その人の人生を豊かにするのです。

相手をコントロールしようとしない

大切な人との絆を長続きさせるために、忘れてはいけないことがあります。

それは、相手をコントロールしようとしない、ということです。

「相手をコントロールしようとする」とは、具体的には、相手が自分の思った通りの行動をしないと、腹を立てたり、文句を言ったり、説得したりして、相手の気持ちや行動を変えようとすることです。


親しくなると、忘れてしまいがちですが、相手には、自分と知り合う前に築いてきた世界があります。

「すべてを理解し合いたい」と思っている人には納得がいかないかもしれませんが、**「すれ違いはあって当然」という考えを持って、人づきあいをすると、ストレスがたまらず、つかず離れずのちょうどいい関係が築いていけるものです。**

実際、長い間、関係がうまくいっている人たちを見てみると、いつもべったりとくっついているわけではありませんし、いつも意見が一致しているわけでもありません。

彼らは、意見が同じにならないときも、無理に相手を説得しようとはしません。**最初から、相手をコントロールしようという気がないのです。**

ですから、二人は一緒にいてもお互いに自由で、ストレスを感じることがないのです。

人づきあいで問題が生じやすいという人は、**「他人は変わらないし、自分に人を変える権利もない」**ということを知っておきましょう。

相手を変えようとするのをやめると、相手は一緒にいるとき、これまでよりずっと居心地のよさを感じると思います。

メールや電話の催促はしない

「どうして、留守電にメッセージを残したのに、すぐにかけ直してくれないの？」

「メールの返事をすぐにくれないなんて、どういうこと？」

そんなふうに、恋人や友達に対して怒っている人がときどきいます。

しかし、**「電話をかけ直してほしい」「メールをすぐに返信してほしい」というのは、自分の勝手な都合を押しつけているだけです。**

ルーズな性格で返事を返さない人も中にはいますが、返事が遅いのは、人と会話中とか、体調を崩しているといったような、事情があるのかもしれません。

もしかすると、いつもガミガミ怒っている相手に嫌気がさして、電話もメールも億劫になっているということも考えられます。その場合には、自業自得ですから、相手を責めるのは筋違いということになります。

どちらにせよ、「相手が自分の思い通りに行動してくれないのは、相手が悪い」と思うのは、大きな間違いです。

そういう考え方をしていると、相手を責める機会や、相手に不満を感じる機会がどんどん増えて、お互いにストレスの多い関係に向かっていってしまうでしょう。

電話やメールを好きな人は、相手もそれが苦にならないと思ってしまいがちです。しかし、中には電話やメールが苦手な人もいます。

それに、自分が今、相手と話したいからといって、相手もそう思っているとは限らないのです。

それなのに、「メールをすぐにくれないなんておかしい」と怒るのは、あまりにも子供っぽい主張といえるでしょう（ただし、仕事や緊急の場合は別です）。

誰でも、一緒にいて気が楽な相手に、そうでない相手よりも好感を持つものです。

電話やメールの返事をすぐにくれたら、どんなに遅くても、「連絡をくれて、ありがとう」という気持ちを持ちましょう。間違っても、「遅いよ！」と怒るようなことは、あってはいけません。

「触れられたくないこと」にはゼッタイ触れない

どんな人といるときも、常に忘れてはいけないことがあります。

それは、**相手が「触れられたくない」と思っている話題には、触れてはいけない、ということです。**

絆が強い相手こそ、「自分のことは何でも知ってもらいたい」「相手のことは何でも知りたい」という思いを持つのは当然だと思います。

しかし、**誰でも一つや二つは話したくない話題があります。**

それを理解していないと、気づかないうちに相手を傷つけて、次第に相手の心が離れてしまうことだってありうるのです。

ある30代の女性が、初めてのデートでレストランで食事をしていたときのことです。ふとしたきっかけで、大学時代の話題になりました。

彼女が、部活のテニスに打ち込んだことや、おもしろかったクラスメートの話などを楽しく話している間、彼は真剣に耳を傾けてくれました。

しかし、彼女の方から、「あなたの大学時代の話も聞きたいな」とたずねた途端に、彼は口を閉ざしてしまいました。

彼女は、彼がどうして話さないのか、何があったのだろうかと気になりました。

しかし、彼の表情が暗いのを察して、「大学時代、何かあったんですか?」と聞くのをやめて、別の話題に切り替えました。

実は、彼は大学に行っていなかったのです。

すると、彼はホッとした様子で、また楽しそうに話し始めたといいます。

この彼女のように、相手の気持ちを察してあげられれば、相手は自分のことをより信頼して、「これからもずっと一緒にいたい」と思うでしょう。

私たちはときどき、相手の気持ちが見えなくなるときがあります。

だからこそ、一歩引いて相手のことを思いやる習慣をつけるようにしましょう。

そうすれば、いつまでもお互いに気持ちのいい関係性を保つことができ、どんどん絆は強くなるのです。

「リスペクトされる存在」をめざす

二人の間の絆が長く続いていく関係の代表例に、お互いが相手のことを尊敬している、というものがあります。

なぜなら人は誰でも、「尊敬できる」人には自然と好感を抱くからです。

スポーツの得意な人や、頭がいい人がモテるのはそのせいです。

誰だって、自分が実現できそうもないことを、上手にやっている人を見れば、「すごいなあ」、という気持ちを持つものです。

そして、「すごい」という気持ちは、「あの人ともっと仲良くなりたい」という気持ちにもつながりやすいのです。

ですから、**「この人との絆を大切にしていきたい」と思う人がいるなら、その人から尊敬されるような自分でいるようにしましょう。**

尊敬される内容は、才能や成績といった、目に見える成果でなくてもいいのです。

「あなたは人のために役立っている」

「君のここってすごいよね」

と、**以前、誰かから言われたことをさらに伸ばしたり、もともと得意だったことをさらに磨いたりすれば、無理なく尊敬される自分になることができます。**


これは、親友や恋人といった、ごく親しい間柄においても、同じです。

相手が親しい人だと、一緒にいても緊張感が生まれないので、ついだらしない態度で接してしまいがちです。

しかし、いくら親しい相手でも、ダラダラゴロゴロとした態度をいつも見せているようでは、尊敬の念は得られません。

それより、**どんなに親しくなっても、少し緊張感を持って、ステキな自分を見せる関係の方が、関係は長く続くのです。**

そのようにして、自分を磨くことは、相手との絆を強めるというだけでなく、自分自身の成長や自信にもつながるので、一石二鳥といえます。

相手の気持ちにそったアドバイスをする

大切な人がピンチに陥っていたり、悩みごとを抱えていたりすれば、「何とかして、その人の役に立ちたい」と思うものです。

そして、あれこれとアドバイスしたくなる、という人もいるでしょう。

しかし、アドバイスは、相手にとっては、喜ばれないときもあります。

アドバイスというのは難しいもので、そのときの相手の気持ちや状況をきちんと理解していないと、

「単なる意見の押し付けじゃないか」

「そんなに簡単に解決したら、苦労しないよ」

などと思われ、かえって関係が気まずくなってしまうことがあるのです。

Jさんは、勤めていた会社を辞めて、どうしようか悩んでいました。

そんなJさんを心配した友人のKさんは、起業に関するセミナーを紹介したり、起業に役立つような本をプレゼントしたり、彼のためにいろいろと気を使いました。

そして、あるときKさんの知人の中小企業の社長に、Jさんにいろいろアドバイスをしてくれるようにお願いしました。

しかし、その社長のアドバイスを聞いていたJさんは冴えない顔で、ロクに聞いていない様子でした。Kさんが気になってたずねたところ、

「アドバイスはありがたいと思っているよ。でも、僕は起業ではなく、ほかの会社に転職したいと思っているんだ」という答えが返ってきました。

どうやらJさんは、「自分はどうしたいか」ということは決めていて、ただ単に話を聞いてほしかっただけのようです。

こちらがよかれと思っていても、見当違いのアドバイスは、相手の気持ちをないがしろにしてしまいかねません。

絆を強めたかったら、アドバイスすべきか、じっくりと話を聞くべきか、見守るべきかなど、相手の状況を見極められるよう努力することが必要です。

自分を卑下しない

自分を卑下していると、正しい人間関係が築けません。

なぜなら、**自信がなさそうな人の周りには、そういう人をバカにしたり、いじめようとする自分本位な人が集まってくることがあるからです。**

その関係性はまるで、王様と家来《けらい》です。


人との絆というのは、本来、自分にプラスのエネルギーやパワーをくれるものです。

その人と会うのがいつも苦痛だったり、別れて家に帰るとホッとしたりするようなら、その絆は、人生に不要なものかもしれません。

にもかかわらず、相手の家来になる必要などまったくないのに、いつの間にかそんな不平等な関係から抜け出せなくなり、苦しんでいる人たちも少なくありません。

もし、今、「自分に自信がない」と思っていて、周囲にやたらと命令してくる人や、こちらが相手の言うことを聞かないと怒りだす人ばかりが集まってきて、いじめられるならば、その人間関係は一度、見直した方がいいでしょう。

そんな人たちを遠ざけるためには、自分を卑下するのをやめて、もっと堂々とすることが大切です。

自分を卑下しないための、ひとつの方法が、やたらと「ごめんね」、「すみません」と謝ることをやめることです。

また、自分を卑下する言葉を言うのもやめましょう。

「私なんて、何のとりえもないし」

「あなたみたいに美人じゃないから」

そんな言葉は、今すぐ封印してください。

誰といるときも、「自分らしく」振る舞えばいいのです。それでもつながっていくご縁が、本当の絆です。

自分を苦しめる絆なら、それは本物ではありません。

「すべてを水に流す」という方法もある

海外で飛行機事故があったときの話です。

ハイジャックされ、残念ながら、最終的には多数の犠牲者が出ました。

そして、飛行機の中には、事故に巻き込まれたことを知った乗客たちが、家族や友人に向けて書いた遺書が多く残されていました。

その遺書に書かれていた内容は、ほとんどが、

「ありがとう」

「愛している」

という、家族や友人たちへの感謝と愛情を示すものでした。

その中には、

「ハイジャックの犯人を恨んでやる」

「こんな事故に巻き込まれるなんて、なんてついてないんだ」

といった怒りや悲しみの感情を示した言葉は、少しもありませんでした。

もしかすると、**人間は死を意識したとき、他人に対する怒りや悲しみといった感情は消えて、ただただ大切な人たちへの感謝と愛で心が一杯になってしまうのかもしれません。**

だとしたら、人間にとって怒りや悲しみの感情なんて、本当はたいしたことはないものなのかもしれません。

そんなことに気をとられているくらいなら、大切な人に感謝して、愛情を伝えることが、生きている間に私たちがするべき大切なことなのではないでしょうか。

もし、自分の心の中に誰かを憎んだり、嫌なことをされて悲しかったという気持ちがあるなら、少しずつでいいので、その感情を手放し、水に流してしまうことをおすすめします。

人生の最期にはどうせ、心に感謝と愛しか残らないのです。

だとしたら、今のうちからネガティブな感情は手放してしまえばいいのです。

そして、ふだんは、相手の負担にならないように少し距離を置いていたとしても、いざというときは思い切り感謝と愛情を伝えましょう。

9章のまとめ

- □ 「この人といると、自分の意見が言えず疲れる」という相手との関係を長く続けるのは、プラスではない
- □ 自己主張のしすぎは抑えながらも、「言いたいことはある程度は言う」というルールを、自分に課しておく
- □ ストレスフルな人づきあいは、自分のためにも相手のためにもならない
- □ 絆は、見返りを求めない関係から生まれる。見返りを目的に相手との絆を求めても、何も生まれない
- □ どんな相手とも「すれ違い」はあって当然
- □ 自分と同じように、相手も電話やメールが好きとは限らない
- □ 相手の反応が悪かったら、「触れられたくない話題なのかな」と考えてみる。もしそうなら、決して触れない
- □ どんなに親しい相手にも、緊張感のまったくない態度ばかり見せてはいけない。良い緊張感がある方が、関係が長く続く
- □ 相手はアドバイスが欲しいのか、話を聞いてほしいのか、見極める
- □ 自分らしくいられない相手とは、つきあわない
- □ 「すみません」「ごめんなさい」が口ぐせなら、すぐやめる
- □ 人生の最期の瞬間には、愛と感謝しか残らない

この章で気づいたこと

10章　豊かな絆は「幸せな人」のまわりに生まれる

心配してくれる人に電話をする

さだまさしさんのヒット曲に、「案山子《かかし》」という歌があります。田舎から出て都会に行った娘を心配する母親の姿を、兄の目線から歌ったものです。その歌の中に、次のような歌詞が出てきます。

手紙が無理なら　電話でもいい
「金頼む」の一言でもいい
お前の笑顔を待ちわびる
おふくろに聴かせてやってくれ

短い詩の中に、娘を思う母親の寂しさが感じられ、この部分を聞くだけでも胸が締め付けられるようです。

人が人を思う、という気持ちは、これほど強いものです。

この母親は、何にも代えがたい思いで、娘が元気な声を聞かせてくれることを望んでいるのです。

この歌の歌詞を見て、自分の母親や、おばあさん、小さい頃かわいがってくれたおばさんなどの顔が浮かんだ人もいるかもしれません。

現代の日本人の多くは、毎日を忙しく過ごしています。仕事の締め切りや、友達との食事の約束、英会話の勉強など、やることはたくさんあるでしょう。

自分を心配してくれる人に「私は元気です」という声を聞かせてあげることは、しようと思えば、いつでもできることです。

だからこそ、多くの人がそれを先延ばしにして、気づけば何カ月も連絡をとっていないということになってしまうのです。

「用事が片付いたら」なんて言わず、今日にでも、心配している人に電話をかけるとよいと思います。

他のことよりも、その方がずっと、自分の人生にとっては大切なことなのです。

とにかく元気な笑顔を見せる

人間関係学で世界的に有名なデール・カーネギーは、**「笑顔は一ドルの元手もいらないが一〇〇万ドルの価値を生み出す」**と言っています。

笑顔には、それほど人を喜ばせる力があります。

ここでいう**「人を喜ばせる」には、ふたつの意味があります。**

ひとつは、一緒にいる相手に自分の笑顔を見せることで、

「私はあなたと一緒にいると楽しいです」

という気持ちを伝え、相手に喜んでもらうという意味です。

そしてもうひとつは、相手が自分の健康や幸せを願ってくれている人の場合にあてはまります。

たとえば、最近、離婚したばかりの友人に会うシーンをイメージしてみてください。

「彼女、大丈夫かな。離婚する前にはずいぶん落ち込んでいたけど、元気を取り戻しているかな？」

と心配して出かけたとき、その友人が以前と変わらない笑顔を見せてくれたら、きっと、

「ああ、よかった。彼女はどうやら幸せに暮らしているようだ」

と安心するでしょう。

この法則を逆から見ると、誰かが自分のことを心配してくれているとき、相手に笑顔を見せることで、その相手を安心させられるということになります。

たとえば、いつも、

「元気？　風邪をひいてない？」

「ご飯をちゃんと食べてる？」

と心配してくれる実家の母親に会ったとき、笑顔を見せれば、その母親を喜ばせることができるということです。

笑顔には、プラスのエネルギーを拡散させるパワーがあります。

いつも笑顔を絶やさないように心がけることで、周りの人をハッピーにして、絆を強めていくことができます。

幸せでいるだけで絆を結ぶことができる

私たちは、自分の幸せは自分のものだけで、他人には関係のないものだと思いがちです。しかし、実際はそんなことはありません。

つきあう人や環境によって、人の心の状態は変わるものです。


もし、大切な人にラッキーな出来事が起こったら、自分も同じようにうれしくなるでしょう。

反対に、親しい人に悲しい出来事が起こったら、自分まで悲しくなるでしょう。

ですから、自分が幸せな状態でいることで、幸せと感じてくれる人がいるのは、ちっともおかしなことではありません。


では、「幸せ」というのはどういう状態のことを指すのでしょうか？

人の心の中には、プラスのエネルギーとマイナスのエネルギーが存在します。プラスのエネルギーというのは「うれしい」とか「楽しい」と感じたときにグッと増えます。マイナスのエネルギーというのは、「イライラする」とか「苦しい」、「ツイてない」などと感じたときに心に溜まっていきます。

もうおわかりかと思いますが、心の中にあるプラスのエネルギーが多いほど、幸せな状態といえます。

そして、**幸せな人というのは、プラスのエネルギーをたくさん持っているので、周りの人へ分けてあげることができるのです。**

もし相手が不運な状態でいたとしたら、自分が幸せな状態で接してあげると、相手の運気も上がっていきます。そして、結果としては相手に、

「この人といると、なんだか元気になれる」

と感謝されることになるのです。

ですから、**いつでも明るく振る舞い、幸せでいることに誇りを持ちましょう。**

自分が幸せでいるだけで、周りの人達は「この人と絆を結びたい」と思ってくれるのです。

田舎の両親に会いに行く

自分の幸せを何よりも喜んでくれるのは、自分を産み育ててくれた両親です。

「無償の愛」という言葉の通り、両親というのは、子供のことを心の中で大切に思っているものです。

ですから、両親が「子供の顔が見られなくて寂しい」と心の中で思っていても、直接気持ちをあなたに伝えることはないかもしれません。

とくに、**仕事を頑張っていたり、友人との生活が充実していたりすると、「子供が幸せなら、それでいい」と思い、自分たちの気持ちは引っ込めてしまいます。**

両親は、子供の幸せを第一に考えているので、言いたくても言えないのです。

ですから、ときどきでもいいので、子供の方から両親を訪ねて、元気な顔を見せるようにすることが必要です。

あるひとり息子の男性は、田舎に両親を残したまま、就職のために上京しました。東京での生活は刺激的で、仕事もプライベートも充実し、社内恋愛を経て結婚もしました。

そして、昨年には待望の赤ちゃんも誕生しました。しかし、彼はますます多忙になり、両親に孫の顔を見せられずにいました。

そんなとき、出張で、ちょうど田舎の近くへ行くことになり、彼は家族を一緒に連れて、田舎の両親のもとへ行きました。両親は、

「まあ、こんな遠いところまで来てくれなくてもよかったのに……」

と言いながらも、目に涙をためて喜んでいたといいます。彼は、

「親孝行らしいことは何もしていないのに、こんなに喜んでくれるなんて思わなかった。これからは休みをつくって、ちょくちょく両親のもとへ帰ろう」

と思ったそうです。

自分のことを大切に思ってくれる人に、感謝の気持ちを持って会いに行くだけで、絆は強くなっていくのです。

旧友と会う

社会人になると、それまで付きあいのあった学生時代の友人たちと会う機会はグッと減ってしまいます。

よく、「社会人になると、友達ができにくくなる」という話を聞きますが、これは仕方のないことです。

なぜなら、学生時代と違い、大人になると、皆それぞれが仕事や家庭を持ち、毎日やらなければならないことをたくさん抱えることになるからです。

たとえば、職場では、仕事上のコミュニケーションが中心なので、プライベートのことはあまり話す機会がありません。

ときどき、宴会などもあるでしょうが、あくまでも会社の行事のひとつであり、そこで同僚と友人のように本音をさらけだして話すことはなかなかできないのが現実です。

そんな毎日を送っていると、何の理由もなく、

「これから食事でも行かない？」

と気軽に誘える昔の友人が誰もいないことに気づいて、寂しい気持ちになる人もいるでしょう。

しかし、そう感じているのは、こちら側だけではありません。

「たまには気楽に話せる仲間たちと食事でもしたい」と思っている人もきっといます。

ですから、ここは自分が発起人となって、学生時代の友人たちと会う機会をつくることをおすすめします。

パーティというほど、大げさなものでなくてもかまいません。少人数でもいいので、ざっくばらんに会話できるような場所を選ぶのです。

そして、自分が充実した日々を過ごしていること、毎日仕事を頑張っていることを伝えましょう。

友人は、自分が幸せでいることを喜んでくれるでしょう。

自分の行動ひとつで、旧友たちとの絆を深めることができるのです。

同窓会に行けなければ近況を伝える

同窓会の誘いが来ても、日程が合わなかったり、今は遠方に住んでいたりして、参加できないことがあります。

そんなときは、**ただ「欠席」と書いて返送するのではなく、少しでいいので、自分の近況を書き添えておきましょう。**

「みんな元気ですか？　僕は昔と変わらず元気にやっています。今日は出席できなくて残念です。こちらに来た時は連絡くださいね」

というような具合です。

人は子供時代や学生時代といった、楽しかった時期に同じときを過ごした仲間に、「連帯感」を持つものです。しかし、その絆も、何もしないで放っておけば、次第に細くなり、いつの間にか消えてしまいます。

そんな**消えてしまった絆も、何かのきっかけで、またよみがえることもあるのです。**

もちろん、返信するときに書き添えるメッセージは、読んだ相手にプラスの印象を与える書き方をすることが大切です。

「最近、単身赴任で福岡に来ました。はっきりいって、左遷です。申し訳ありませんが、そんな状態ですので、同窓会には欠席します」

というようなぶっきらぼうな書き込みを見て、「久しぶりに、この人に会いに行きたい」と思う人はあまりいないのではないでしょうか。

同じ単身赴任でも、

「最近、単身赴任で福岡に来ました。いろいろあるけど、がんばっています。福岡に来られる際には、ぜひ連絡ください。博多の街を案内しますよ！」

というような書き方なら、読んだ人も暗い印象はしませんし、福岡へ行ってみたい気持ちもわいてくるでしょう。

返信の書き方ひとつで、久しぶりの仲間との絆がよみがえるかもしれません。

親族が集まる行事にはなるべく出席する

結婚式やお葬式、法事、年始のあいさつなど、家族や親族と顔を合わせる行事は、年に何度かあると思います。

これらの行事は、できるだけ出席するのが礼儀です。しかし、ときどき、「親戚同士のしがらみが面倒だから、あまり行きたくない」「友達や恋人との予定を優先するから、ほとんど行かない」と考えて、行事に出席しない人もいますが、本当にもったいないことだと思います。

というのも、礼儀をわきまえること以上に、**親族同士の絆を強めるきっかけになるという意味で、出席する方が良いと思います。**

確かに親族一同が集まると、**中にはイヤな人もいるかもしれませんが、たいていの行事は1日で終わります。そのときだけと割り切って交流すればいいのです。**

それよりも、思い出深い人との交流を楽しみましょう。

子供の頃よく遊んだいとこ、かわいがってくれたおじさん、おばさんなどに、自分の近況を報告すると、相手は、

「○○ちゃんも、元気でやっているのね。安心したわ」

と好意的な対応をしてくれると思います。


ある都会に住んでいる女性は、田舎にいるいとこの結婚式に出席しました。上京してからというもの、いとことはすっかり疎遠になり、会うのは10年ぶりでした。

「来てくれてうれしい」

交通費をかけてわざわざ帰省してくれた彼女を、おじさん、おばさん、いとこも大歓迎してくれました。そして、久しぶりの会話も盛り上がり、今ではときどきメールを交わす仲になりました。


血のつながりのある親族同士は、何かあったときに助け合える大切な関係です。

そのためにも、行事にはなるべく出席するようにして、絆を深める努力をした方がいいと思います。

落ち込んでいるときは会わない

もし、自分の気分が落ち込んでいるときに、誰かから、

「相談があるんだけど、今から会って話せないかな？」

と真面目な話を持ちかけられたら、どうしますか？

優しい人は、自分のことより相手のためを思って、即座にＯＫを出すかもしれません。

しかし、どうしても気持ちを切り替えられそうになければ、

「実は、今は気分が落ち込んでいて、外出する気になれないんだ。この状態であなたに会うと、迷惑をかけるかもしれないから、また来週にしない？」

と断るという方法もあります。

なぜなら、気分というのは「伝染する」性質を持っているからです。

人間が笑った顔や怒った顔の写真を被験者に見せたとき、その人たちがどんな顔をするかという実験で、写真を見た被験者が写真に写っている人と同じ表情に顔の筋肉を動かし

たという実験結果もあります。

人は自分が笑顔だと相手を笑顔にすることができますが、反対に落ち込んでいるときは、相手にマイナスの感情を伝染させてしまう可能性があるのです。

誰だって、親しい人の前では、自分の感情を思いのままにさらけだしたいと思うものです。

しかし、そのことで大切な相手を悲しませたり、傷つけたりするのは、本望ではないはずです。

「今の自分は、相手をハッピーにできない」と感じるなら、その日は会うのをやめた方がいいこともあります。

「今日は無理だけど、調子が良くなったら必ず会おうね。連絡する」

と付け加えれば、角も立ちません。

これは絆を強くするための、ちょっとした気づかいです。

幸せを祝福してくれる人が本当の仲間

自分が幸せでいることが、周囲の人を喜ばせて、その人たちとの絆を強めるということは、すでに述べました。

この「自分が幸せでいる」ということには、もうひとつ、人づきあいを見直すきっかけになる、という意義もあります。

どういうことかというと、**うれしいことがあって、それを報告したときの相手の反応で、その人との絆が本物かどうかがわかるのです。**

たとえば、うれしいことがあり、それを報告したときに、

「よかったね。がんばったね」

「おめでとう。私もうれしいよ」

と祝福してくれる人は、相手のことを大切に思っている証拠です。

一方、中にはこんな人もいるかもしれません。

「ふーん。調子に乗っていると、また前みたいにあとでガッカリすることになるから、あんまりいいふうに考えない方がいいんじゃない？」

「へえ。そう。それより、私の話を聞いてよ……」

こんな人は、相手が幸せでいることを喜んではいないようです。

もしかすると、その人の心の中には、相手に対するライバル心や嫉妬といった複雑な感情が渦巻いているのかもしれません。

ひどい人になると、相手の足を引っ張ったり、うれしい気持ちに冷や水を浴びせるようなことを言ったりすることもあります。

そういう人といると、せっかくのうれしかった気持ちが、すぐにしぼんでしまいます。

ときどきならまだしも、何かあるたびに相手の幸せに水を差すようなことを言う人とは、少し距離を置くことも考えましょう。

絆は、どうせなら自分自身が一緒にいてハッピーになれる相手と、強めていきたいものです。

後悔しない毎日を生きる

ボストン大学の心理学者であるアベンドロスらは、「旅行先で、あるお土産を買うかどうかで迷ったことのある人」に対して、ある調査を行ないました。

お土産を買おうかやめようか迷った人を、

A「結局、お土産を買わなかった人」

B「結局、お土産を買った人」

に分けて、旅行から帰ったあとに、どれくらい後悔が強いかを調べたのです。

その結果、Aの「お土産を買わなかった人」はBの「お土産を買った人」よりも、大きな後悔をしていることがわかりました。

お土産を買ったことで、「重くて、帰宅が苦痛だった」「予算オーバーだった」というような後悔ももちろん、ゼロではありません。

しかし、それよりもずっと、「買っておけばよかった」という後悔する人が多かったというのは、非常に興味深いと思いました。

これは、お土産に限らず、「やる」か「やらない」かで迷ったシーンのすべての場面で当てはまるのではないでしょうか？

あの人に声をかけたいけれど、恥ずかしいから、臆病になってしまう……。
あの人に、手紙を書きたいけど、忙しいから、やめておこうか……。
あの人に謝りたいけれど、悔しい気持ちもあって、少し抵抗がある……。
そんなときは思い切って、「行動する」方を選びましょう。

万が一、思い通りの結果が得られなかったとしても、何もしないときよりもきっと、「後悔」は少なくなるはずです。

大切な人との絆は、ずっと自然に、何もしないままでつながっているものではありません。

あとで後悔しても遅いのです。大切な人がいるなら、その絆に感謝し、これからも維持していくための行動を起こすことが大切です。

10章のまとめ

- □ 自分のことを気づかってくれる人に、今日、電話する
- □ 笑顔は、ふたつの方向から、
  自分と相手を幸せにするパワーを持っている
- □ 自分が幸せでいるだけで、
  「この人と絆を結びたい」と周りは思うようになる
- □ 同窓会の言いだしっぺになってみよう
- □ メール１通で、切れそうな関係をつなぐことができる
- □ 親族の行事はたいてい１日だけ。イヤな人がいても参加する
- □ ストレス、イライラ、ムカムカを抱えたまま人に会わないですむよう、気持ちを安定させる自分なりのノウハウ、習慣を持っておく
- □ 「今の自分は、人をハッピーにできない」と思うときは、
  人に会わない
- □ いいことがあったとき、一緒に喜んでくれる人が
  「絆を築きたい相手」である
- □ 迷ったら、行動する方を選ぶ

この章で気づいたこと

おわりに

世の中のしくみが変わろうとしています。

昔のように、右肩上がりで給料が上がることはありません。若い人たちから、老後の暮らしが心配という声を耳にすることもあります。

そして、ダメ押しのように東日本大震災が、「必死で積み上げてきたものが、一瞬にしてなくなることがある」という事実を、私たちに教えてくれました。

しかし、世の中は悲しいニュースばかりではありません。

ボーナスは減っても、多くの人は、住むところや食べるものに困っているわけではありません。こうして本を読める時間があるだけでも、十分に恵まれていると考えることもできるのです。

それに、何よりも大切な「人との絆」という財産は、簡単には壊れることはありません。出世の見込みがなくても、経済的に恵まれた環境になくても、大切な人と笑顔で過ごす時間は、人々の心を明るくします。

「今日、こんなにうれしいことがあったんだよ」

「それは良かったね」

「今日、つらいことがあったんだよ」

「そう。それは残念だったね」

心がつながっている相手と一緒なら、人生に訪れる喜びは大きく、悲しみは小さくなっていきます。

もし、最近の自分は少し元気がないと感じているなら、今こそ、「絆」の大切さを思い出してみてください。

仕事のノルマや、未来への漠然とした不安で心が一杯という人は、この本に書いてあることを実行し、人との「絆」を強めることで、きっと前向きな気持ちがわいてくると思います。

家族、昔からの友人、職場の仲間、大好きな恋人、憧れの先輩、そしてこれから出会う人達……。

私達は、その誰とでも、絆を築いていくことができます。

そして、絆を大切にする人は、どんな時代でも、幸せを感じて生きていくことができるのです。

植西 聰

本書は2011年に刊行された『「切れない絆」をつくる たった1つの習慣』
（青春新書プレイブックス）に加筆・再編集のうえ文庫化したものです

青春文庫

「切《き》れない絆《きずな》」をつくる たった1つの習慣《しゅうかん》

2016年5月20日　第1刷

著　者　植西《うえにし》 聰《あきら》

発行者　小澤源太郎

責任編集　株式会社プライム涌光

発行所　株式会社青春出版社

〒162-0056　東京都新宿区若松町12-1
電話 03-3203-2850（編集部）
03-3207-1916（営業部）
振替番号　00190-7-98602

印刷／中央精版印刷
製本／フォーネット社
ISBN 978-4-413-09646-1

いつも品がよく見える人の外見術
一瞬でも印象に残るのは、なぜ？

神津佳予子

外見でこそ伝わる、あなたの人柄と魅力！
「何度でも会いたくなる」ような
品のよい女性になるヒントをご紹介します。

(SE-644)

明日をちょっぴりがんばれる48の物語

西沢泰生

本当にあったいい話――
1つ1つのお話が、
あなたの背中をそっと押してくれます。

(SE-645)

「切れない絆」をつくるたった1つの習慣

植西　聰

幸せは絆をつたってやってきます。
大切な人、また会いたい人、あこがれの人との
関係を強くするヒント

(SE-646)

※以下続刊